上海市"科技创新行动计划"科普专项立项项目
上海中医药大学中医药特色通识教育读本立项项目

太极健康

八段锦

总策划　龚博敏

总主编　陆松廷

主编　王宾　冯金瑞

上海交通大学出版社
SHANGHAI JIAO TONG UNIVERSITY PRESS

内容提要

本书为太极健康系列科普读本(《太极拳》《八段锦》《五禽戏》《易筋经》等)之一。本书分理论篇和实践篇,其中理论篇分为太极健康的奥秘、八段锦的历史源流与功法特点、八段锦的中医基础与养生原理、八段锦的锻炼功效与社会价值,呈现了八段锦的理论精华。实践篇分坐式八段锦、少儿八段锦、传统功法八段锦、健身气功八段锦,创新性地整合了八段锦的技法。本书适合在校学生及八段锦爱好者学习使用。

图书在版编目(CIP)数据

八段锦 / 王宾,冯金瑞主编. —上海:上海交通
大学出版社,2024.9—〔太极健康 / 陆松廷总主编〕
ISBN 978-7-313-31132-0

I. G852.9

中国国家版本馆CIP数据核字第202494AX47号

八段锦
BADUANJIN

主　　编:王　宾　冯金瑞

出版发行:上海交通大学出版社　　　　　　地　　址:上海市番禺路951号

邮政编码:200030　　　　　　　　　　　电　　话:021-64071208

印　　制:上海颛辉印刷厂有限公司　　　　经　　销:全国新华书店

开　　本:710mm×1000mm　1/16　　　印　　张:9.5

字　　数:115千字

版　　次:2024年9月第1版　　　　　　　印　　次:2024年9月第1次印刷

书　　号:ISBN 978-7-313-31132-0　　　音像书号:978-7-88941-149-3

定　　价:58.00元

编委会

前　　言

"太极健康"是指在太极理论指导下，运用太极拳、导引术、中药、针灸、推拿、气功、参悟等方法，调整个体生理与心理，培养道德情操，以期达到身体与心理、个体与群体、自我与社会，乃至人与自然界之间和谐平衡的健康状态。"太极健康"是当代中医药界、气功养生界提出的一个全新理念，该理念主张现代人自觉运用传统太极哲学的智慧，充分发挥气道文化与各类养生技术的优势，积极寻求能够提供自己身心健康、幸福生活的个体化方案。"太极健康"是中国传统文化向当代世界贡献的关乎个人身心健康，以及人与周围环境和谐相处的理论模式与技术方法。它关注的是身心健康与人类福祉，是将个人的健康追求融入与大环境的和谐相处之中，非常契合可持续性发展的理念，是关于人的健康与福祉的现代阐述。

八段锦是中华传统养生文化的瑰宝，是一套经典的中医养生功法，有"千年长寿操"的美誉。在阴阳五行、经络学说、藏象学说等中医理论的指导下，八段锦在祛病保健、康复治疗等方面发挥了重要作用，蕴含着祖国医学未病先防的理念，深受全世界人们的喜爱。中华优秀传统文化是中华民族的"根"与"魂"，是习近平新时代中国特色社会主义思想的重要组成部分，八段锦承载了中华民族的基本精神内涵，习练八段锦有助于儿童青少年尽早了解中华优秀传统文化，树立文化自信。作为经典的中医养生功法，八段锦在推进全民健身与全民健康深度融合、加快推进体育强国建设、构建人类命运共同体方面起着重要作用。

本书分理论篇和实践篇，其中理论篇分为太极健康的奥秘、八段锦的历史源流与功法特点、八段锦的中医基础与养生原理、八段锦的锻炼功效与社会价值,呈现了八段锦的理论精华。笔者介绍了太极健康的内涵,让读者清楚"何谓'太极健康'";从历史源流开始阐述,追溯至上古时期,让读者明白八段锦"从何而来";总结八段锦的功法特点,让读者了解八段锦的"鲜明特征";发挥上海中医药大学学科优势,扎根于中医药文化沃土,重点从中医理论视角阐释八段锦的中医基础理论和养生原理,让读者知晓八段锦蕴含的"养生密码",并结合八段锦的现代科学研究进展,从生理、生化等现代科学的角度论述八段锦的健身作用,让读者理解八段锦的锻炼功效;立足于"健康中国""文化强国""教育强国""中医药振兴"等国家战略和"一带一路"倡议的高度,阐释八段锦的当代价值,让读者领略八段锦的普适价值。实践篇分坐式八段锦、少儿八段锦、传统功法八段锦、健身气功八段锦四个部分,创新性地整合了八段锦的技法。针对老年腿脚不便者或残疾人,创编了坐式八段锦;针对儿童少年群体,创编了少儿八段锦;针对中青年群体,纳入了在中医药院校广泛流传的传统功法八段锦;针对中老年群体,纳入了国家体育总局健身气功管理中心创编的健身气功八段锦。本书基本涵盖了全年龄段的不同人群,能满足不同人群、不同病患的个性化学习需求,是一本理论与实践兼备的科普佳作。

我们在"太极健康"理念下编撰《八段锦》科普读本,以图文并茂的形式介绍八段锦的基本理论知识和基本动作技法,希望对八段锦的推广传播起到一定的推动作用,为健康中国、体育强国、教育强国、中医药振兴发展等国家战略发挥绵薄之力。

在编写过程中,感谢各界朋友给予的关心和帮助。尽管我们做了最大努力,但书中难免有不妥之处,恳请广大读者多多批评指正。

太极健康·八段锦编委会

目　　录

理　论　篇

第一章　太极健康的奥秘　　　　　　　　　　　3

　第一节　什么是太极　　　　　　　　　　　3

　第二节　"太极健康"理念的内涵　　　　　　6

第二章　八段锦的历史源流与功法特点　　　　10

　第一节　八段锦的历史源流　　　　　　　10

　第二节　八段锦的功法特点　　　　　　　16

第三章　八段锦的中医基础与养生原理　　　　21

　第一节　八段锦的中医基础　　　　　　　21

　第二节　八段锦的养生原理　　　　　　　37

第四章　八段锦的锻炼功效与社会价值　　　　43

　第一节　八段锦的锻炼功效　　　　　　　43

　第二节　八段锦的社会价值　　　　　　　49

实　践　篇

第五章　坐式八段锦　　　　　　　　　　　　55

　一、坐式八段锦概述　　　　　　　　　　55

　二、坐式八段锦动作图解　　　　　　　　55

第六章　少儿八段锦　　　　　　　　　　　　　　80

　　一、少儿八段锦概述　　　　　　　　　　　　80

　　二、少儿八段锦动作图解　　　　　　　　　　80

第七章　传统功法八段锦　　　　　　　　　　　100

　　一、传统功法八段锦概述　　　　　　　　　100

　　二、传统功法八段锦动作图解　　　　　　　100

第八章　健身气功八段锦　　　　　　　　　　　121

　　一、健身气功八段锦概述　　　　　　　　　121

　　二、健身气功八段锦动作图解　　　　　　　121

参考文献　　　　　　　　　　　　　　　　　　140

理论篇

太极健康

第一章　太极健康的奥秘

第一节　什么是太极

一、太极的含义

顾名思义，"太极"即极端、顶点或原始之意，也可以说是"开天辟地""至高无上""深不可测""广阔无垠""无边无际"……不过中国历代的道学家、理学家和史学家都将"太极"纳入哲学范畴，赋予其诸多不同释义。

在有关太极学说的专著中，最先提出"太极"一词的是《庄子·大宗师》："夫道……在太极之先而不为高，在六极之下而不为深……"《周易》最先提出"太极"一词的含义，意为"混沌初开"时的天地。所谓"元气未分，混沌为一""洞同天地，混沌为朴，未造而成物，谓之太一""易有太极，是生两仪，两仪生四象，四象生八卦，八卦定吉凶，吉凶生大业。"两仪，即天地，天地即阴阳。王宗岳的《太极拳论》亦开宗明义说："太极者，无极而生，动静之机，阴阳之母也。"故太极拳是以太极学说为理论指导的拳术。

"太极"实质上是一种哲学上的概念名词，具体到人体或事物的内外关系和内在联系，在应用上对应的是对立统一的阴阳学说。"太极"一般被用来描述宇宙自"无极"而"太极"乃至化生万物的中间状态，即老子所说的"有物混成,先天地生,寂兮寥兮,独立而不改,周行而不殆"。"太极"即是这种天地未开、阴阳未分,"可以为天地母"的先天境界。先天太极与后天阴阳之间的辩证统一关系,构成了中国传统文化中独特的生命健康观。

中国历代著名易学家认为宇宙万物原本从无极生太极开始,逐渐繁衍派生,可以说这是唯物辩证观的雏形或萌芽。近代以来,随着太极拳、气功等在世界范围内的兴起与传播,"太极"成为代表中华文化思想精髓的象征符号之一,也将逐渐走向世界。

二、太极图

现今见到的太极图——外圆,内以 S 曲线为黑白环弧形,简朴鲜明(见图 1-1),是产生于中国,历经千百年来,被逐渐增加思想内容和赋予新的含义,又经不断修改、美化和完善,而后得到世人公认,代表诸多天象与哲理的一种图形。

(一) 太极图的起源

据《周易·系辞传》所载,太极图最早出现于黄河、洛水之地。伏羲氏发现了刻在玉石上的古太极图,可能就是《道藏》第 196 册《上方大洞真元妙经》中的《太极先天之图》(见图 1-2)。后来经北宋陈抟,篆刻在华山石壁上,称为《无极图》(见图 1-3)。但从《宋史·陈抟传》中找不到刻《太极先天之图》或《无极图》之记载。因此,作为信史,犹感不足。

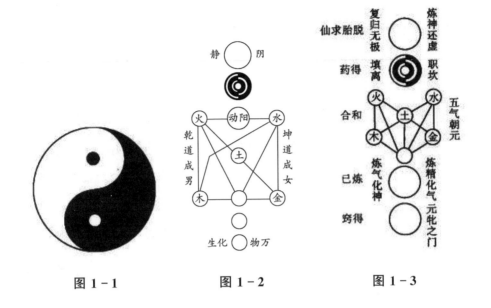

图 1-1　　　　图 1-2　　　　图 1-3

据《汉上易解》所载,陈抟以《先天图》传种放,放传穆修,修传李之才,之才传邵雍……穆修以《太极图》传周敦颐。这段文字说明:①太极图从东汉末年道学家魏伯阳始,经过若干传,到北宋周敦颐,已近千年之遥。②传播的途径不止一条,传接的人员也较多。最后落脚到邵雍和周敦颐。③可能这就是清代史学家黄宗炎的论点:周敦颐的《太极图》源于陈抟,而陈抟又源于道教的《上方大洞真元妙经》,以及陈抟刻壁等的依据。黄宗炎《太极图说辩》:"太极图者,创于河上公,传自陈图南,名为《无极图》,乃方士修炼之术……周茂叔得之,更为《太极图说》。"

（二）太极图的含义

太极图的发展经历了很多不同的时期,现在我们所见的黑白参半、对称划分、圆滑过渡及图像中的小小黑白圆点,则是后世人们和易学家、道学家,当具备了画图技巧和画圆的圆规工具之后,多加修饰添上的。可能是予以昼极(正午)转夜(夜的开始),夜极(子夜)转昼(昼的开始),圆转不息,寓宇宙为太极,永恒归一的含义,并命名为太极图。图片中的黑白两个小圆点则代表白昼的火红太阳和黑夜的银白月亮。同时也表明阳中含阴、阴中含阳的意思，即"万物负阴而抱阳"。

三、太极图与道家养生术

太极图的前身是被道家用作炼丹而特定的丹结标志图,在图中我们可以看到修炼内丹的内容和程序,所以它与道家有不解之缘,渊源深远。

道家养生术的吐纳,倡导腹式呼吸,要求气沉丹田,修炼内丹田的浑元正气等观念。结合太极图便可清楚看到吸气和呼气运动变化的全过程。这一过程在太极图中清晰巧妙地表现自如:它各以半边示出,黑色半部表示"呼气",对于人体而言,即腹部鼓荡,横膈肌(膜)上升。这一"静"(静和动是相对而言的,实际也是动)态,使腹内膨"虚"(阴),并在肚脐下方呈现宽宏的"田"字形象(气沉丹田,这一现象是表现在人体的)。与此相反,白色半部表示"吸气",腹部收缩,横膈肌(膜)下降。这一"动"态,使腹内贴"实"(阳)。而太极图中的两个黑白小点,即代表肚脐。

不难看出,上述道家养生术吐纳的动静转换、虚实互易、阴阳更替等的对应变化,是与太极图的形象和含义十分吻合的。同时也是符合"阳动阴静"和中国哲学的传统观点。因此我们可以说,太极图就是道家养生术中练习内丹功法的缩影,也是象征性的标志。

第二节 "太极健康"理念的内涵

一、何谓"太极健康"

"太极健康"是指在太极理论的指导下,运用太极拳、导引术、中药、针灸、推拿、气功、参悟等方法,调整个体生理与心理,培养道德情操,以期达到身体与心理、个体与群体、自我与社会,乃至人与自然界之间和谐平衡的健康状态。"太极健康"是当代中医药界、气功养生界提出的一个全新理念,该理念主张现代人自觉运用传统太极哲学的智慧,充分发挥气道文化与各类养生技术的优势,积极寻求能够帮助自己身心健康、幸福生活的个体化方案。"太极健康"是中国传统文化向当代世界贡献的关乎个人身心健康,以及人与周围环境和谐相处的理论模式与技术方法。

在传统的太极文化中,我们运用太极、气、阴阳、五行等相关理论与学说,并将其结合到具体的医疗健康、养生保健、心性提升之中,演化出各种技术与方法。对于人类健康,太极思维更加注重整体观和"天人合一"。它强调的是人自身的身心和谐,人与社会的和谐,以及人与自然的和谐相处。先天之太极和后天之阴阳的辩证统一,构成了"太极健康"的生命观。"太极健康"的基本理念与当今世界卫生组织倡导的健康理念是不谋而合的。

二、"太极健康"的核心内容

"太极健康"不仅仅是理念,还包含非常丰富的"太极健康"技法。构成"太极健康"核心内容的是"太极健康"技法,它是保证"太极健康"落地的关键。所谓"太极健康"技法是指在太极理论指导下,通过调形、炼精、化气、宁神等手段,达到身、心、灵之间的和谐健康,寻求人与人、人与社会、人与自然环境的和谐,并进一步探索生命本质与生生大道的修炼技法。

"太极健康"技法包括主动类与被动类两大类,前者适合自己锻炼,后者适合医生施治:

(1) 主动类"太极健康"技法,是以自我锻炼、自我调摄为主的技法,如太极拳、导引术等。

(2) 被动类"太极健康"技法,是以他人对自己进行针药治疗、调理为主的技法,如中药、针灸、推拿等。

"太极健康"的理念源自中国传统文化,它的许多核心技术在国内具有非常好的群众基础与推广条件。然而在国际上,大家对"太极健康"的理念与技法还是相对陌生的。基于中外历史文化与现实需求的差异,我们建议因地制宜地开展多形式、多文化的推广模式,如创立"太极健康中心",在海外"太极健康中心"教授、传播"太极健康"理念与技法。

三、在当代为什么要提出"太极健康"的理念

今天的人类社会,至少面临着健康卫生领域的四个重大转变:人类的疾病谱发生了重大改变,老龄化社会的到来,医疗费用的不断膨胀和现代医学模式面临的困境。大健康是当前人类社会共同追求的一个方向,全世界各国、各民族人民对健康问题越来越关注。世界卫生组织提出了有关健康的新概念:"所谓健康就是在身体上、精神上和社会适应上完全处于良好的状态,而不是单纯地指没有疾病或不虚弱。"

现代健康理念不仅涉及人的生理、心理层面,而且涉及社会道德方面的问题。生理健康、心理健康、道德健康三个方面共同构成现代健康的整体理念。生理健康是指人的身体能够抵御一般性感冒和传染病,体重适中,体形匀称,眼睛明亮,头发有光泽,肌肉皮肤有弹性,睡眠良好等。心理健康是指人在精神情绪和意识方面的良好状态,包括智力发育正常,情绪稳定乐观,意志坚强,行为规范协调,精力充沛,应变能力较强,能适应环境,能从容不迫地应对日常生活和工作压力,能经常保持充沛的精力,乐于承担责任,人际关系协调,心理年龄与生理年龄相一致,能乐观面向未来。心理健康与生理健康同样重要。根据西医学的检测,良好的心态能促进人体分泌出更多有益的激素,能增强机体的抗病能力,促进人体健康长寿。道德健康也是现代健康理念中的一项内容,主要指能够按照社会道德行为规范约束自己,并支配自己的思想和行为,有辨别真与伪、善与恶、美与丑、荣与辱的是非观念和能力。把道德纳入

健康范畴是有科学依据的,现代医学研究发现:有违于社会道德准则,胡作非为,会导致紧张、恐惧等不良心态,有损健康,如贪污受贿的人易患癌症、脑出血、心脏病和神经过敏症。而品行善良、心态淡泊、为人正直、心胸坦荡的人,则更容易内心平衡,有助于身心健康。

"太极健康"与中医药是关注生命全周期、健康全过程的文化。在疾病预防中,倡导"治未病";在治疗时,通过"望闻问切",提出个性化的治疗方案;在健康促进方面,更是强调顺应自然、练养相兼、形神合一,达到防病减痛、增进健康、延年益寿的目的;在技术方法上,有太极拳、导引术、气功、按跷、针砭、药石、食疗、情志调摄等多种手段,其核心理念是太极思维和阴阳学说。

作为东方古老文明的中国,不仅拥有博大精深的儒、释、道三家文化,而且孕育出光辉灿烂的中医药文化,其医药理论与养生实践独树一帜。太极拳、导引术、气功、按跷、针砭、药石、食疗、情志调摄,无一不在中华民族的繁衍生息中发挥过重要作用。我们应该进一步整合文化优势与技术特长,将中华养生文化与人类健康需求有机结合,推出中国健康文化的象征性标志,真正让优秀的中华文化遗产造福世界各族人民。"太极健康"是中国传统文化向当代世界贡献的一种关于健康的理念,包括人与周围环境和谐相处的技巧与方法。"太极健康"的外延可以涉及现代医学关于健康概念的三个层面:即生理健康、心理健康、道德健康。它关注的是身心健康与人类福祉,是将个人的健康追求融入与大环境的和谐相处之中,非常契合可持续发展的理念,是关于每一个人健康与福祉的现代阐述。

第二章　八段锦的历史源流与功法特点

第一节　八段锦的历史源流

八段锦的"八"字，不是单指段、节和 8 个动作，而是表示其功法有多种要素，相互制约，相互联系，循环运转。"锦"字，从"金"，从"帛"，"金"表示贵重物品，而"帛"则指具有各种鲜艳色彩图案的丝织精品，因此，"锦"的本意指贵重而又精美的上等丝织品，以表示其精美华贵。古人把这套导引术以"锦"字来命名，说明古人把这套动作视为祛病保健效果良好、动作编排完美的一套功法，此功法共分为八段，故曰八段锦。八段锦是我国古代的导引术，因其健身效果显著，且易行而安全，故千余年来在民间广为流传，是中华传统养生文化中的瑰宝，是祖先们流传下来的不可多得的财富，其形成与发展经历了一个漫长的演变过程。

一、八段锦发轫与形成（宋元以前）

八段锦究竟为何人、何时所创，至今尚无定论。八段锦是我国古代的导引术。追溯导引术，其源于上古时期人们的生产劳动，古人把许多健身养生方法都归入导引，现代导引的概念逐渐将呼吸、肢体运动、按摩等融为一体。如《辞海》对"导引"作出的解释："亦作'道引'，中国古代一种强身除病的养生方法，后也为道家、医家所用，以主动的肢体运动，配合呼吸运动或自我按摩而进行锻炼。"导引的方法就称为导引术，习练导引术可促使脏腑经络之气和顺、肌肉经筋轻柔灵活。道家著作《庄子·刻意》中记载："吹呴呼吸,吐故纳新,熊经鸟申,为寿而已矣。此道(导)引之士,养形之人,彭祖寿考者之所好也。"晋代李颐将导引注为"导气令和,引体令柔",高度概括导引作为健身方法雏形的本质特征。医家奠基之作《黄帝内经·素问·异法方宜论》中又载:"中央者,其地平以湿,天地所以生万物也众。其民食杂而不劳,故其病多痿厥寒热。其治宜导引按跷……"唐代王冰注:"导引,谓筋骨,动支节……导引按跷,中人用为养神调气之正道也。"导引术后来在道家、医家的继承和发展之下,成为一种具有调营卫、消水谷、除风邪、益血气、疗百病以至延年益寿功效的锻炼方法。

八段锦作为修身养性、强身健体的功法已流传千年,在一些传世文献和出土的汉代资料中,我们已看到八段锦部分导引术的雏形。1973 年在湖南长沙马王堆三号汉墓出土的《导引图》帛画中,至少有 4 幅图势与世传八段锦图势中的"调理脾胃须单举""两手攀足固肾腰""左右开弓似射雕""背后七颠百病消"姿势相似。因没有具体的文字描述可以明确八段锦与《导引图》的关系,仅凭姿势相似无法断言八段锦起源于汉代的《导引图》。不过,由此可推,八段锦功法动作有可能是由汉代《导引图》逐渐演变而来的。

在魏晋至隋唐的《养性延命录》《诸病源候论》《备急千金要方》等文献中,一些导引术的描述亦与八段锦部分动作有相合之处,如《养性延命录》中的"两手前筑势"与"攒拳怒目增气力",《备急千金要方》中的"以手如挽五石力弓"与"左右开弓似射雕"等极为相似。

从现有文献资料来看,"八段锦"一词最早见于东晋葛洪《神仙传·栾巴传》。其文曰:"士大夫学道者多矣,然所谓八段锦、六字气,特导引吐纳而已,不知气血寓于身而不可扰,贵于自然流通,世岂复知此哉?"由于原文中没有对"八段锦"功法的具体描述,不能确定其与后世所习练的八段锦有何异同,只能证明在东晋时,社会上比较流行一种名为"八段锦"的导引功法。之后,历经南北朝、隋唐时期,在现存文献中尚未发现八段锦的相关记载,直到五代时期,出现了关于钟离八段锦的介绍。

南朝梁代陶弘景撰有《养性延命录》,此书总结了魏晋以前的养生理论和方法,书中的内容亦被隋朝巢元方《诸病源候论》,唐代孙思邈《备急千金要方》《千金翼方》,日本《医心方》等书所吸收,其中"导引按摩篇第五"中"狼踞鸱顾,左右自摇曳""顿踵三还",以及书中所描述的左右挽弓势、左右单托天势、两手前筑势,与清末定型的八段锦中"五劳七伤往后瞧""背后七颠百病消""左右开弓似射雕""调理脾胃须单举""攒拳怒目增气力"五种动作相仿。书中叩齿、咽津亦被十二段锦、十六段锦等功法所吸收。从中可以看出,八段锦的形成与《养性延命录》有一定的渊源。

两宋时期,已经出现立式和坐式两类八段锦。坐式八段锦(现存钟离八段锦功法的版本较多),以《正统道藏·修真十书·杂著捷径》本(1445 年刊印)为最早。《修真十书》由道教丹经汇编,汇集唐末至宋元期间的数十部著作,书中所载之八段锦也不出这一时期,已对坐式八段锦有详细描述。钟离八段锦是坐式功法。此功法不仅综合了导引、吐纳、存思等多种养生方法,而且蕴含了以运化精、气、神为主的内丹思想。

北宋蒲虔贯所著《保生要录》,系从前人保生书中选取"其术简易,乘闲可行"者编成。书中在"调肢体门"中记载的五个动作颇类似于立式八段锦,如"两臂欲左挽右挽如挽弓法"与"左右开弓"相似,"两手双拓如拓石法"与"两手托天"相似,"双拳筑空"与"攒拳怒目"相似,"头项左右顾"与"后瞧"相似,"腰胯左右转,时俯时仰"与"两手攀足"动作相似。这一时期没有八段锦或导引诀的名称,亦没从其他导引术中独立出来。南宋曾慥在《道枢·众妙篇》中列有八个导引动作,虽未列出总名,但从其内容介绍来看,已与后世立式八段锦功法较为接近,但其歌诀尚未完全歌诀化,导引术式的名称、顺序亦与后世八段锦所传有所不同,但八段锦功法之框架已初见雏形。

南宋绍兴二十一年(1151)刊行的晁公武撰写的《郡斋读书志》中所引录的藏书目录中载有题为"吐故纳新之诀"的《八段锦》一卷。发展至宋代的八段锦,由于歌诀易记,动作简单,效果较好,在士人、道士中广为传播。南宋文学家洪迈(1123—1202)在《夷坚志》中写道:"政和七年,李似矩为起居郎……尝以夜半时起坐,嘘吸按摩,行所谓八段锦者。"("政和",宋徽宗赵佶年号)此篇记载的是北宋末年李似矩习练八段锦的情况,从文中"嘘吸按摩"的介绍看,他所练的八段锦应是呼吸吐纳与按摩导引相结合的功法。

《灵剑子引导子午记》署名东晋许逊,但学界大多认为此书实际是出自宋元之交的净明道。书中的"导引诀"记载了八段锦功法,歌诀中"仰托一度理三焦""左肝右肺如射雕"与八段锦"两手托天理三焦""左右开弓似射雕"等动作有着异曲同工之妙,不仅以歌诀形式叙述了八段锦导引动作,而且在每句歌诀之下都配有相应释文,书中释文既对各导引术式的做法进行了介绍,又对每一术式的习练次数有了约定,可见此时期的八段锦功法渐趋向程式化、规范化发展。

二、八段锦的发展与流变(明清至近代)

入明以后,八段锦功法的发展进入了一个新的高潮。其特点是功法内容渐趋稳定成熟,无论是坐式八段锦还是立式八段锦在民间都得到广泛传播。

钟离八段锦作为坐式八段锦的代表,在明清时期几乎成为养生家们的至爱,被出版的各种养生著作广泛收入其中。从现有文献资料来看,此时期坐式八段锦的功法歌诀和内容基本没有变化,但功法名称多有不同。例如,朱权所著综合性医书《活人心法》上卷《导引法》中载录"八段锦导引法"及做功图,胡文焕的气功养生著作《类修要诀》中收录"钟离祖师八段锦导引法",高濂《遵生八笺》中记载有"八段锦导引法图",铁峰居士在《保生心鉴》中称该功法为"导引八图""活人八法"等。此外,《夷门广牍》《修龄要指》《摄生总要》《三才图会》《古今医统》《万寿仙书》《陶朱公致富奇书》等诸多养生著作中,也均辑录有坐式八段锦功法。此时期养生家们在坐式八段锦功法的基础上,结合自身经验和其他导引功法,通过不断习练总结,又演变出诸如"十二段锦""十六段锦"等功法。

立式八段锦以其朗朗上口的歌诀、简单易行的动作和明显强身祛病的效果,在民间一直广为流传,并在晚清得以盛行。清光绪初刊出的《易筋经外经图说》附录中有无名氏编订的"八段锦图",每图配有说明,内容依次如下:"两手托天理三焦,左右开弓似射雕,调理脾胃须单举,五劳七伤往后瞧,摇头摆尾去心火,两手攀足固肾腰,攒拳怒目增气力,背后七颠百病消。"这个版本不仅首次将古称"引导诀"的术式正式冠以"八段锦"之名,而且将之前多有变化的功法名称、内容等以歌诀形式固定下来,并对每一歌诀所述导引术式的习练方法、效果等进行了概要阐述,去掉了呼吸吐纳、意守丹田等意念内容,歌诀内容口语化,简单易记,可谓是后世立式八段锦功法的范本,其影响深远,成为近现代最有影响的一种歌诀。上述八段锦歌诀,又见于1890年出版的《幼学操身》和1898年出版的《新出保身图说》。

另外,还有《易筋经外经图说·外壮练力奇验图》(清·佚名)、《八段锦体操图(12)式》等,这类八段锦均出于释门和习武之人,被作为养身方法和武术基本功来练习。综合诸多文献资料来看,立式八段锦主要可分为南北两派。行功时动作柔和、多采用站式动作的,被称为南派,伪托梁世昌所传。民间流传的大多数以养生保健为目的的立式八段锦,可以归为南派。动作多马步、以刚为主的,被称为北派,附会为岳飞所传。从文献和动作上考察,不论是南派还是北派八段锦,均是同出一源,其中附会的传人等缺乏史料佐证。

三、八段锦的普及与传播(新中国成立以后)

新中国成立后,传延千年的八段锦功法也得到了较快发展。20 世纪 50 年代中后期,人民体育出版社出版了卓大宏、马凤阁、唐豪等人编著的《八段锦》,共计整理出 4 套八段锦功法,其中 3 套为立式八段锦、1 套为坐式八段锦。虽然上述 4 套八段锦在功法动作或歌诀表述方面有所差异,但基本是以梁世昌所刊内容为蓝本。随后,人民体育出版社又组织编写小组对传统八段锦进行了挖掘和整理,使八段锦在群众中的影响日益扩大。20 世纪 70 年代末至 90 年代初,立式八段锦作为民族传统体育项目开始进入中医、体育院校课程,促进了八段锦功法技术、理论的发展。值得注意的是,这一时期社会上还流传有形式多样的八段锦功法,这些功法大多是在传统功法基础上的变形,少数则是打着传统八段锦的名头,实际是由今人自行编创的健身功法。在 20 世纪八九十年代,群众性气功锻炼空前活跃,这时社会上传统功法大量涌现,新编功法层出不穷。但随着一些人开始假借气功之名宣扬迷信、蛊惑群众、骗取钱财,甚至危害到社会稳定,使气功这一中华民族的文化瑰宝遭到了严重破坏,八段锦亦同样受到了冲击。

2001 年年底,为进一步继承弘扬中国优秀传统文化,更好地满足广大群众强身健体的多元化需要,国家体育总局健身气功管理中心在广泛调研的基础上,决定从挖掘、整理优秀传统养生、健身功法入手,组织专家编创健身气功新功法。经过激烈角逐和严格评审,北京体育大学承担了"编创八段锦"的科研任务。课题组在检索大量文献资料和挖掘整理 64 个立式八段锦版本的基础上,初步编创形成了八段锦的功法雏形。为集思广益、博采众长，课题组在北京体育大学多次召开传统八段锦交流观摩研讨会，与来自不同流派的代表、专家进行了交流研讨。随后，课题组又经过多次反复推敲、认真修改，终于确定了八段锦功法。

2003年，"健身气功·八段锦"一经推出，就受到了国内外气功爱好者的普遍喜爱和欢迎。2010年，经国家体育总局健身气功管理中心组织，由北京体育大学承担研究任务，根据传统十二段锦的术式创编的"健身气功·十二段锦"，可以说是对坐式八段锦的改良，继承了原功法不同流派的精髓，加强了颈、肩、腰、腿部的运动，是一套按照头部、颈部、肩部、背部、腰部、上肢、下肢、胸腹部顺序进行全身性锻炼的坐势功法。

随着社会的发展，物质生活的不断丰富，人们的健康观念逐渐得到提升，尤其是"健康中国"国家战略的实施，更加促进人们对健康意识的广泛关注，以八段锦等为代表的导引术日益受到人们的推崇，成为人们强身健体的锻炼项目。从历史长河中走来的八段锦，无论是理论还是技术均更加臻于成熟。全面系统地传承和弘扬八段锦文化，既是时代的呼唤，更是中国人义不容辞的历史担当。

第二节　八段锦的功法特点

一、柔和缓慢，圆活连贯

柔和，是指习练时动作不要僵硬、不要拘束，应轻松自如、舒展大方。柔和并非绵软无力，而是动作绵软但富有韧性和弹性，是练功敛气入内而不发于外的表现，即所谓"柔若无骨""柔似婴儿"的状态。缓慢，是指习练时身体重心平稳，虚实分明，轻飘徐缓。圆活，是指动作路线带有弧形，不起棱角，不直来直往，符合人体各关节自然弯曲的状态，是以腰脊为轴带动四肢运动，上下相随，节节贯穿。圆活不仅要求习练者每个动作的运行路线要圆,而且肢体转动的角度也要圆,否则,气血易于僵滞,筋脉不够通利,难以取得练功之成效。连贯,是要求动作的虚实变化和姿势的转换衔接,每一个动作和姿势之间都要衔接得当,无停顿断续之处。连贯不仅要求每个动作要均匀地展开,不能忽快忽慢,而且要求动作与动作之间也不能分割、停顿、间断,要有机地连在一起,做到既如行云流水般连绵不断,又如春蚕吐丝般相连无间。

柔和缓慢、圆活连贯是习练八段锦的基调,其中蕴含着虚实、刚柔、动静,乃至升降开合等气机变化之理。要做到柔和缓慢、圆活连贯,关键是在精神情绪上要保持中和之性,且行功时要做到脚下要实,重心要稳,时刻保持身体平衡;以腰为轴,上下相随;知晓节点,节节贯穿,无缝衔接。八段锦动作通过对外在肢体躯干的屈伸俯仰和内部气机的升降开合,牵拉舒展全身筋脉,疏经通络,促使经气流通,滑利关节,活血化瘀,强筋壮骨,从而实现"骨正筋柔,气血以流"。

二、松紧结合,动静相兼

松,是指习练时肌肉、关节及中枢神经系统、内脏器官的放松。习练者在意识的主动支配下,逐步达到呼吸柔和、心静体松,同时松而不懈,保持正确的姿态,并将这种放松程度不断加深。在姿势正确的基础上,再要求全身的肌肉达到最大限度的放松,只有关节、肌肉舒展放松了,气就自然顺畅。紧,是指习练中适当用力,且缓慢进行,主要体现在前一动作的结束与下一动作的开始之前。紧,在动作中只在一瞬间,主要体现在每一式主体动作定势时的一瞬间,而放松须贯穿八段锦练习的始终。

在八段锦的学练中应该是"先求紧,后求松",也就是"先方后圆",先把筋骨抻开,把架子摆正,再通过一段时间的习练逐渐换去身上的拙力,最后求柔和连贯,如此方显八段锦的特点。此处所说的紧,主要体现在"两手托天理三焦"的上托,"左右开弓似射雕"的马步开弓,"调理脾胃须单举"的上举,"五劳七伤往后瞧"的旋臂后瞧,"两手攀足固肾腰"的俯身后闭气塌腰成反背弓,"攒拳怒目增气力"的冲拳与旋腕,"背后七颠百病消"的脚趾抓地、提肛、收腹、竖脊、立项、头顶上悬的定势动作上。从外观上看,动作似停顿,但肌肉、关节继续用力保持抻拉,使身体产生适度的紧张感,之后再徐徐放松接做下一动作。功法练习中,松紧配合适度可以激发和启动内气的运行,有利于平衡身体的阴阳、疏通经络、滑利关节、活血化瘀、强壮筋骨、调理脏腑、增强体质。

动与静,动是绝对的,静是相对的。动为阳、静为阴,动静相生转化是宇宙间一切事物不断运动变化发展的规律。动静相兼主要是指肢体动作的外在表现。动,是指在意念的引导下动作轻灵活泼、节节贯穿、舒适自然;静,是指在动作的节分处做到沉稳,特别是在动作的缓慢用力之处,即每式主体动作的定势,配合停闭呼吸,在外观上看似有1～2秒的停顿,但内劲没有断,肌肉继续用力,保持牵引抻拉,体现了八段锦起于桩、行于桩的主要功法特征。适度地用力和延长作用时间能使相应的部位受到一定强度的刺激,加大对关节、肌肉、神经、体液的刺激强度,有助于提高锻炼效果。当然,静也指练功时,环境需要安静,没有外部因素的打扰,更重要的是思想和情绪要平和安宁,排除一切杂念,让精神集中起来。

八段锦练习中要求松静结合、动静相兼,松静的密切配合和动静的频繁转换,有助于刺激并调节机体的阴阳协调能力,调动全身各脏器组织的储备潜能,提高机体的免疫能力与防病能力。

三、神与形合,气寓其中

神,是指人体的精神状态和正常的意识活动,以及在意识支配下的形体表现。"神为形之主,形乃神之宅。"神与形是相互联系、相互促进的整体。八段锦每式动作及动作之间充满了对称与和谐,做到了意动形随、神形兼备。气寓其中,是指通过精神的修养和形体的锻炼,促进真气在体内的运行,以达到强身健体的功效。

中国传统文化认为,人的生命是形、气、神的三位一体。《淮南子·原道训》说:"形者,生之舍也;气者,生之元也;神者,生之制也。"也就是说,人的形体是生命的依托和基础;气是充实生命的源泉,是联系形、神二者的纽带;而神则是生命最重要的主宰。形、气、神三者在生命运动中既各司其职,又相辅相成、相互制约,成为一个几近完美的生命系统,倘若其中任何一个失去作用,则三者都将受到损伤。因此,要想维持生命的健康和长久,必须正确地处理好形、气、神三者的关系,做到"将养其神、和弱其气、平夷其形,而与道沉浮俯仰。恬然,则纵之;迫则用之"。八段锦始于站桩(由无极而太极而两仪),通过收视返听、精神内守,而率先"将养其神",强化"神"对生命的主宰功能和作用;进而以意念引动形体,全神贯注于形体运动之中,做到意动形随、形动气随,动作虚实相生、松紧结合、动静相兼。渐能达于有意无意之间,形动而不逾规,直至神意活泼自然地引体令柔,体现出内实精神、外示安逸,内外合一、形神共养的传统养生思想。

气寓其中,是人体生命活动的必然。《青华秘文》曰:"人之一气在身,由念而动。"因此,行功中习练者意念集中,即可充分发挥神、意对气的统师作用,起到导引气机的作用;加之主动地导引形体,亦是能牵动全身气机规律性的变化,故练功时气则始终充蕴于神形之中,长久行功自然可达导气令和之境。至此,神、气、形各安其位,相守相成,浑然一体,则祛病健身、延年益寿,高质量地尽其天年,乃是八段锦锻炼的必然结果。

需要指出的是,形、气、神三者之中的"气",绝非单指呼吸之气。"气"的含义很广,古人们通常把"气"看成是生命活动中最重要、最基本的东西,是推动人类生命活动的最根本的动力。八段锦中有顺腹式呼吸、逆腹式呼吸、提肛呼吸等多种呼吸方法,主要目的是通过对呼吸方式的主动干预来刺激机体产生积极的健身效应。但需要注意的是,功法锻炼无论运用何种呼吸方式,都应做到顺其自然,绝不可强吸硬呼,要随着动作的熟练和练功的深入,逐渐形成细、匀、深、长的腹式呼吸,继而进入不调而自调的状态。

八段锦要求神与形合、气寓其中,强调呼吸与动作的协调配合,意念集中在动作部位,外导内引,以意念引导呼吸和动作,使习练者逐渐进入身体、心理、呼吸和谐统一的三调合一的练功状态。

第三章　八段锦的中医基础与养生原理

第一节　八段锦的中医基础

八段锦以中医理论为基础,通过"调身""调息""调心"等手段,疏通人体经络,调节脏腑机能,改善心理状态,保证人体气血畅通,以达到强健机体、防病治病、延年益寿的目的。

一、八段锦与整体观念

（一）整体观念

整体观念是中医学的重要思想,是中医学关于人体自身的完整性及人与自然、社会环境的统一性的认识。人生活在自然和社会环境中,人体的生理功能和病理变化,必然受到自然环境和社会环境的影响。人类在适应与改造自然和社会环境的斗争中维持着有机体的生命活动。人体是一个内外联系、自我调节和自我适应的有机整体,人体由若干脏腑、形体、官窍组成,而各个脏腑、形体和官窍有不同的结构和功能,但它们并不是孤立的,而是相互作用、相互影响的。

中医学的整体观念强调人体内外环境的整体和谐、协调统一,认为人体是一个有机整体,既强调人体内部环境的统一性,又注重人与外界环境的统一性。所谓外界环境是指人类赖以生存的自然和社会环境。大自然存在的,阳光、空气、水、温度、磁场、引力、生物圈等,构成了人类赖以生存、繁衍的最佳环境。同时，环境的变化又可直接或间接地影响人体的生命活动。这种人与自然息息相关的认识，即是"天人合一"的整体观。整体观念是中国古代唯物论、辨证思想在中医学中的体现，它贯穿于中医学的生理、病理、辨证、养生、治疗等各个领域中。

（二）八段锦中整体观念的运用

中医的整体观念以心为主宰，心定则神宁，如果心神不宁，那么五脏则不安。《黄帝内经·素问·上古天真论》云："上古之人，其知道者，法于阴阳，和于术数，食饮有节，起居有常，不妄作劳，故能形与神俱，而尽终其天年，度百岁乃去。"可见，形与神协调发展，形神和合才是养生的正道。八段锦每一式都有锻炼的侧重点，但它的保健作用是全身性、整体性的，并且每个动作都不是单一地对身体起到促进作用，而是通过各个动作整合，达到补益元气、调整脏腑、调和气血、疏通经络、平衡阴阳的整体作用。在整体观念的指导下，通过"调身""调息""调心"，在生理上疏通人体经络，保证人体气血畅通，达到保精、养气、存神的作用，在心理上还可改善人们的不良心理状态，每一式既有所侧重，又互相呼应，共同作用于人体，达到促进人体健康的目的。

二、八段锦与阴阳学说

（一）阴阳学说

1. 阴阳学说概述

阴阳学说是研究阴阳的内涵及其运动变化规律，并用以阐释宇宙间万事万物的发生、发展、运动和变化的一种古代哲学理论，属于中国古代唯物论和辩证法范畴，是古人探求宇宙本源和解释宇宙变化的一种世界观和方法论。阴阳学说认为世界是物质性的整体，世界本身是阴阳二气对立统一的结果。《黄帝内经·素问·阴阳应象大论》说："阴阳者，天地之道也，万物之纲纪，变化之父母，生杀之本始，神明之府也。"阴阳对立制约、互根互用、消长平衡、相互转化，贯穿于一切事物之中，是一切事物运动和发展变化的根源及其规律。

2. 阴阳学说分析

1）阴阳对立制约

阴阳对立，即统一体中阴阳两个方面的属性相反。阴阳学说认为，自然界一切事物或现象都存在着相互对立的阴阳两个方面，如上与下、左与右、天与地、动与静、出与入、升与降、昼与夜、明与暗、寒与热、水与火等。阴阳双方既对立又统一，统一是对立的结果。

阴阳制约是指阴阳双方在一定限度内相互牵制、互为胜负。如春、夏、秋、冬四季有温、热、凉、寒的气候变化。春夏之所以温热是因为春夏阳气上升抑制了秋冬的寒凉之气，秋冬之所以寒冷是秋冬阴气上升抑制了春夏的温热之气的缘故。这是自然界阴阳相互制约、相互消长的结果。

阴阳对立的两个方面，并非平静地、各不相关地共处于一个统一体中，而是相互制约、相互斗争、相互调控地发生着作用。正是由于阴阳的这种不断对立和制约，才推动着事物的运动、发展和变化，并维持着事物发展的动态平衡。在人体正常生理状态下，相互对立的阴阳两方面，也不是平平静静、各不相干地共处于一个统一体中，而是处在相互制约、相互排斥、相互消长的动态之中。这种阴阳之间的动态平衡，是阴阳双方相互对立、相互制约的结果。阴阳双方相互制约而达到协调平衡，则人体生命活动健康有序，即《黄帝内经·素问·生气通天论》所谓的"阴平阳秘，精神乃治"。如果阴阳之间的对立制约关系失调，动态平衡遭到了破坏，则会导致疾病的发生。

2）阴阳互根互用

阴阳互根是指阴阳之间具有相互依存、互为根本的关系，即阴和阳任何一方都不能脱离另一方而单独存在,每一方都以对方的存在作为自己存在的前提和条件。如上为阳,下为阴,没有上也就无所谓下,没有下也就无所谓上。热为阳,寒为阴,没有热也就无所谓寒,没有寒也就无所谓热等。所以说阳依存于阴,阴依存于阳。中医学把阴阳的这种相互依存关系,称为"互根"。故《黄帝内经·素问·四气调神大论》说:"阳根于阴,阴根于阳。"

阴阳互用是指阴阳双方具有相互滋生、促进和助长的关系。《黄帝内经·素问·阴阳应象大论》说:"阴在内,阳之守也;阳在外,阴之使也。"指出阴为阳守持于内,阳为阴役使于外,阴阳相互为用,不可分离。《黄帝内经·素问·生气通天论》说:"阳气根于阴,阴气根于阳,无阴则阳无以生,无阳则阴无以化。"阴阳学说运用阴阳互根互用关系,来阐释自然界的气候变化和人体的生命活动。

3)阴阳消长平衡

所谓"消",意为减少、消耗;所谓"长",意为增多、增长。阴阳消长,多指的是数量上的变化。阴阳消长是指对立互根的阴阳双方不是静止的,不变的,而是处于不断运动变化中,阴阳双方在彼此消长的运动过程中保持着动态平衡。

阴阳消长是阴阳运动变化的一种形式,而阴阳出现消长变化的根本原因在于阴阳之间存在着的对立制约与互根互用的关系。由阴阳对立制约关系导致的阴阳消长变化主要表现为阴阳的互为消长;由阴阳互根互用关系导致的阴阳消长变化,主要表现为阴阳的同长同消,即此长彼长、此消彼消。

此长彼消,即阳长阴消、阴长阳消。阴阳中的任何一方增长而强盛,势必对另一方产生过强的制约,使对方消减。如以四时气候变化而言,从冬至春及夏"阳长阴消",气候从寒冷逐渐变热;从夏至秋及冬,"阴长阴消"，气候由炎热逐渐转凉变寒。以人体病理变化而言，热盛则伤阴，寒盛则伤阳。

此消彼长，即阳消阴长、阴消阳长。阴阳中的任何一方衰减，势必引起对方增长甚至偏亢。以一日昼夜变化为例，从中午至黄昏及夜半，为阳消阴长；从夜半至清晨及中午，为阴消阳长。以人体病理变化为例，阴虚则热，阳虚则寒，中医临床可见阴虚火旺和阳虚阴盛，发病机理就是阴消阳长和阳消阴长。阴与阳之间的互为消长是不断进行着的，是绝对的；而阴与阳之间的平衡则是相对的，是动态的平衡。

此长彼长，即阴随阳长、阳随阴长。在阴阳双方互根互用的过程中，阴与阳之间又会出现某一方增长而另一方亦增长的情况，为阴随阳长或阳随阴长，阴阳双方相互依存和资助，若互用得当，一方旺盛，则可促使另一方随之增长。如气旺生血，血盛助气，故疾病治疗时，补气以生血，补血以养气，阴中求阳，阳中求阴。

此消彼消，即阴随阳消、阳随阴消。在阴阳双方互根互用的过程中，某一方消减而另一方亦消减的消长变化，被称为阴随阳消或阳随阴消。如人体气与血之关系，若气虚，则生血不足，而致血虚。

阴阳的消长在一定限度内维持着动态的平衡状态。若阴阳的消长变化超越了正常的限度，那在自然界则形成灾害，在人体则产生疾病。中医学关于阴阳消长与平衡的认识，符合"事物的运动是绝对的，静止是相对的，消长是绝对的，平衡是相对的"之客观规律。

4）阴阳相互转化

阴阳转化是指事物的总体属性，在一定条件下可以向与其相反的方向转化，即属阳的事物可以转化为属阴的事物，属阴的事物可以转化为属阳的事物。比如一年四季气候的变化，属阳的夏天可以转化为属阴的冬天，属阴的冬天又可以转化成属阳的夏天。又比如人体的病证，属阳的热证可以转化为属阴的寒证,属阴的寒证又可以转化为属阳的热证。

阴阳转化是阴阳运动的另一基本形式。阴阳双方的消长运动发展到一定阶段,事物内部阴与阳的比例出现了颠倒,则该事物的属性即发生转化,所以说转化是消长的结果。阴阳相互转化,一般都产生于事物发展变化的"物极"阶段,即所谓"物极必反"。因此,在事物的发展过程中,如果说阴阳消长是一个量变的过程,那么阴阳转化则是在量变基础上的质变。

阴阳转化必须具备一定的前提条件。《黄帝内经·素问·阴阳应象大论》中提到的"重阴必阳,重阳必阴""寒极生热,热极生寒",都是阐释阴阳转化的条件和机理。任何事物都处在不断地运动变化之中,事物的发生发展规律总是由小到大、由盛而衰,即是说事物发展到极点就要向它的反面转化。任何事物在发展过程中都存在着"物极必反"的规律。阴阳消长变化发展到"极"的程度,是事物的阴阳总体属性发生转化的内在因素和必备条件。

(二)八段锦中阴阳学说的运用

八段锦中的动静、张弛、上下、左右、升降、出入等无不蕴含着阴阳之理。八段锦首先要求练习者入静,令其思想集中,配合呼吸,心态和谐,从而达到身心统一、精神内守的境界。但入静并非不动,叩齿、咽津、运气等是内动,双手托天、左右开弓等是外动,而最后仍是以静结束。八段锦要求动作缓、强度小、时间长,每练一个动作,既要配合相应的呼吸方式,又要配合相应部位的放松动作,这样一张一弛,动静结合,从而起到行气活血、疏经通络的目的。在练功的过程中,动作向上为阳,向下为阴,向前为阳,向后为阴,向左为阳,向右为阴;调息的过程中,吸气为阳,呼气为阴。整个功法中,以动功为主,但要求心神宁静,形动心静。动为阳、静为阴,阳中有阴,阴中有阳,静中有动、动中寓静、动静结合。阴阳、动静之间相互对立，相互依存，共同作用，以达到调整体内阴阳平衡的功效。

三、八段锦与经络学说

（一）经络学说

1. 经络学说概述

经络，是经和络的总称。经，又称经脉，有路径之意。经脉贯通上下，沟通内外，是经络系统中纵行的主干。经脉大多循行于人体的深部，且有一定的循行部位。络，又称络脉，有网络之意。络脉是经脉别出的分支，较经脉细小。络脉纵横交错，网络全身，无处不至。经络相贯，遍布全身，形成一个纵横交错的联络网，通过有规律的循行和复杂的联络交会，组成经络系统，把人体的五脏六腑、肢体官窍及皮肉筋骨等组织紧密地联结成统一的有机整体，从而保证人体生命活动的正常进行。所以说，经络是人体运行气血，联络脏腑肢节，沟通内外上下，调节体内各部分功能活动的特有组织结构和联络系统。经络学说是研究经络的基本概念、循行分布、生理功能、病理变化及其脏腑相互关系的学说，是中医学理论体系的重要组成部分。

2. 经络系统

经络系统由经脉、络脉及其连属部分构成。经脉和络脉是经络系统的主体。经脉系统包括十二经脉与奇经八脉。络脉分为别络、孙络、浮络。

1) 经脉系统

（1）十二经脉。十二经脉也称为正经，是人体经络的主要组成部分，由手三阴、足三阴、手三阳、足三阳的表里配合而成，即手太阴肺经、手阳明大肠经、足阳明胃经、足太阴脾经、手少阴心经、手太阳小肠经、足太阳膀胱经、足少阴肾经、手厥阴心包经、手少阳三焦经、足少阳胆经、足厥阴肝经。阴经皆属脏而络腑,阳经皆属腑而络脏。其循行走向为:手三阴经从胸走手,手三阳经从手走头,足三阴经从足走腹,足三阳经从头走足。此外,还有多种复杂的循行路线。十二经脉为营卫气血不断运行的主要通路,是经脉系统中的主体。《黄帝内经·灵枢·经别》中说道:"夫十二经脉者,人之所以生,病之所以成,人之所以治,病之所以起。"这说明它对人体的生理功能、病理变化和指导治疗起着重要作用。

十二经别是十二经脉别出的经脉,它们分别起于四肢,循行于体内,联系脏腑,上出颈项浅部。阳经的经别从本经别出而循行体内,上达头面后,仍回到本经;阴经的经别从本经别出而循行体内,上达头面后,与相为表里的阳经相合。为此,十二经别不仅可以加强十二经脉中相为表里的两经之间的联系,而且因其联系了某些正经未循行到的器官与形体部位,从而补充了正经之不足。

十二经筋是十二经脉之气"结、聚、散、络"于筋肉、关节的体系,是十二经脉的附属部分,是十二经脉循行分布于筋肉系统的总称。它有连缀百骸、维络周身、主司关节运动的作用。

十二皮部是十二经脉在体表一定部位上的反应区。全身的皮肤是十二经脉的功能活动反映于体表的部位,所以把全身皮肤分为十二个部分,分属于十二经,称为"十二皮部"。

(2)奇经八脉。奇经八脉包括督脉、任脉、冲脉、带脉、阴跷脉、阳跷脉、阴维脉、阳维脉。奇经八脉有统率、联络和调节全身气血的作用。

2)络脉系统

络脉有别络、孙络、浮络之分。别络有本经别走邻经之意,共有十五支,包括十二经脉在四肢各分出的络,以及躯干部的任脉络、督脉络及脾之大络。别络的功能是加强表里阴阳两经的联系与调节作用,孙络是络脉中最细小的分支,浮络是浮行于浅表部位而常浮现的络脉。

3. 经络的生理功能

《黄帝内经·灵枢·经脉》指出:"经脉者,所以能决死生,处百病,调虚实,不可不通。"这充分概括说明了经络系统在生理、病理和防治疾病方面的重要性,具体表现在以下几方面。

(1) 沟通联络作用。人体是由五脏六腑、四肢百骸、五官九窍、皮肉脉筋骨等组成的。它们虽各有不同的生理功能,但又共同进行着有机的整体活动,使机体内外、上下保持协调统一,构成一个有机的整体。这种有机配合、相互联系,主要是依靠经络的沟通、联络作用实现的。《黄帝内经·灵枢·海论》指出:"夫十二经脉者,内属于脏腑,外络于肢节。"由于十二经脉及其分支的纵横交错,入里出表,通上达下,相互络属于脏腑,奇经八脉联系沟通十二正经,十二经筋、十二皮部联络筋脉皮肉,从而使人体的各个脏腑、组织、器官有机地联系起来,构成了一个表里、上下彼此之间紧密联系、协调共济的有机整体,并完成各种复杂的机能活动。

(2) 感应传导作用。感应传导,是指经络系统对于针刺(或其他刺激)感觉具有的传递通导作用,又称为"经络感传现象"。经络不仅有运行气血营养物质的功能,还有传导信息的作用。当体表受到某种刺激时,刺激就沿着经脉传于体内有关脏腑,使该脏腑的功能发生变化,从而达到疏通气血和调理脏腑功能的目的。脏腑功能活动的变化也可通过经络反映于体表。经络循行四通八达,能至机体每一个局部,从而使每一局部成为整体的缩影。针刺中的"得气"和"行气"现象,就是经络感应传导作用的表现。

(3) 运输气血作用。《黄帝内经·灵枢·本藏》曰:"经脉者,所以行血气而营阴阳,濡筋骨,利关节者也。"人体各个组织器官,均需气血濡养,才能维持正常的生理活动。而气血通过经络循环贯注而通达全身,发挥其营养脏腑组织器官、抗御外邪、保卫机体的作用。

（4）调节平衡作用。经络能运行气血和协调阴阳,使人体机能活动保持相对平衡的状态。当人体发生疾病时,出现气血不和及阴阳偏盛偏衰的证候,即可运用针灸等治疗方法来激发经络的调节作用,从而达到"泻其有余,补其不足,阴阳平复"（《黄帝内经·灵枢·刺节真邪》）之目的。实践证明,刺激有关经络的穴位,对各脏腑有正负双向调节作用,即原来亢进的可使之抑制,原来抑制的可使之兴奋。

（二）八段锦中经络学说的运用

八段锦功法以中医经络理论为基础,歌诀中对应着相应的脏腑,既相互独立又相互联系,既调理三焦、脾胃、肝肺等脏腑,同时对四肢、头颈、躯干等全身部位进行锻炼,达到疏通经络的目的。"五脏有疾当取十二原",脏腑的病变也多通过经络得以反映,刺激穴位、疏通经络可疗治脏腑疾病。十二经络的原穴多分布在腕踝附近,所以在八段锦功法中的加强腕、踝的动作,就可以起到刺激原穴以畅通经络的作用。手臂的旋转与屈伸,不仅可以增加手臂的扭矩,而且可以刺激手三阴、手三阳的经脉,进而起到和畅心（手少阴心经）、肺（手太阴肺经）、肠（手阳明大肠经、手太阳小肠经）等脏腑功能的作用;躯干运动则可以通过刺激任、督二脉和命门穴,以达到强腰固肾的功效;下肢运动可以刺激足三阴、足三阳的经脉,以达到疏肝（足厥阴肝经）利胆（足少阳胆经）、调理脾胃（足太阴脾经、足阳明胃经）的目的。

四、八段锦与藏象学说

（一）藏象学说

1. 藏象学说概述

"藏象"首见于《黄帝内经·素问·六节藏象论》。"藏",是指隐藏于体内的内脏;"象",是指表现于外的生理、病理现象。藏象,是指指藏于体内的内脏及其表现于外的生理、病理现象。藏象学说,是通过对人体生理、病理现象的观察,来研究人体各个脏腑的生理功能、病理变化及其相互关系的学说。藏象学说认为,人体各脏腑虽然深藏于体内,难以进行直观观察,但这些脏腑通过经络系统与体表的某些组织器官相互联系。所以,藏象学说是研究人体内在脏腑的形态结构、生理功能、病理变化及其与精气血津液神之间的相互关系,以及与形体官窍、外界环境的相互关系的学说。脏腑是人体五脏(心、肝、脾、肺、肾)、六腑(胆、胃、大肠、小肠、膀胱、三焦)和奇恒之腑(脑、髓、骨、脉、胆、女子胞)的总称。藏象学说是中医学特有的关于人体生理病理的系统理论,也是中医学理论体系的核心部分。

2. 五脏

1) 心

心位于胸中,两肺之间,横膈之上,有心包卫护于外。它主宰人体的生命活动,在五脏六腑中居于首要地方,被称为"君主之官"。心的主要生理功能是主血脉和主藏神。心在体合脉,其华在面,在窍为舌,在志为喜,在液为汗。

心主血脉是指心气推动、调控血液在脉管中运行,并流注全身,发挥营养、滋润作用。心主血脉包括心主血和心主脉两个方面。

心主血是指心气推动血液运行,以输送营养物质于全身脏腑形体官窍。人体各脏腑器官、四肢百骸、肌肉皮毛及心脉自身,必须依赖血液的濡养,才能发挥其正常的生理功能,以维持生命活动。心脏的搏动,又依赖心气的推动和调控作用。心气充沛,心阴与心阳协调,心脏搏动有力,频率适中,节律一致,血液才能正常地输布全身,发挥其濡养作用。心主血的另一内涵是心有生血的作用。心主血主要指饮食水谷经脾胃之气的运化,化为水谷之精,水谷之精再化为营气和津液,营气和津液入脉,经心火（即心阳）的作用，化为赤色血液。

心主脉是指心能推动和调控心脏的搏动和脉管的舒缩，使脉道通利、血流通畅。心与脉直接相连，形成一个密闭循环的管道系统。脉为血之府，又为奇恒之腑，是容纳和运输血液的通道，营气与血并行于脉中。血液能正常运行，发挥其濡养作用，除需要心气充沛外，还有赖于血液的充盈和脉道的通利。脉道通利，是指脉管富有弹性并畅通无阻。脉管的舒缩与心气的推动和调控作用有关。只有心气充沛，血液才能在脉管中正常运行，周流不息，营养全身，使面色呈现红润光泽，使脉象和缓有力等。简而言之，心、脉、血三者密切相关，构成完整的血液循环系统。其中心脏的正常搏动，对血液循环系统生理功能的正常发挥起着主导作用。

心主藏神是指心有统帅全身脏腑、经络、形体、官窍的生理活动和主司精神、意识、思维、情志等心理活动的功能。故《黄帝内经·素问·灵兰秘典论》说："心者，君主之官也，神明出焉。"

2）肺

肺位于胸腔，左右各一，覆盖于心之上。肺上连气道，与喉、鼻相连，故称喉为"肺之门户"，鼻为"肺之外窍"。肺在五脏六腑之中位置最高，覆盖诸脏，因而有"华盖"之称。肺位高近君，犹如宰辅，被称为"相傅之官"。肺的主要生理功能是主气、司呼吸、主行水、朝百脉、主治节。肺在体合皮，其华在毛，开窍于鼻，在志为悲，在液为涕。

肺主气、司呼吸包括主呼吸之气和主一身之气两个方面。肺主呼吸之气，即肺是气体交换的场所。通过肺的呼吸作用，不断吸进清气，排出浊气，吐故纳新，实现机体与外界环境之间的气体交换，以维持人体的生命活动。肺主一身之气，是指肺有主司一身之气的生成和运行的作用。《黄帝内经·素问·五藏生成》说："诸气者，皆属于肺。"肺主一身之气的生成,体现于宗气的生成。一身之气主要由先天之气和后天之气构成。宗气属后天之气,由肺吸入的自然界清气,与脾胃运化的水谷之精所化生的谷气相结合而生成。宗气在肺中生成,积存于胸中"气海",上走息道出喉咙以促进肺的呼吸,并能贯注心脉以助心推动血液运行,还可沿三焦下行脐下丹田以资先天元气,故在机体生命活动中具有非常重要的地位。宗气是一身之气的重要组成部分,宗气的生成关系着一身之气的盛衰,因而肺的呼吸功能健全与否,不仅影响着宗气的生成,也影响着一身之气的盛衰。

肺主行水是指肺气的宣发与肃降运动推动全身水液的输布和排泄。肺气宣发,一是使水液迅速向上向外输布,布散到全身,外达皮毛,"若雾露之溉",以充养、润泽、护卫各个组织器官;二是使经肺代谢后的水液,即被身体利用后的废水和剩余水分,通过呼吸、皮肤汗孔蒸发而排出体外。肺气肃降,是使体内代谢后的浊液不断地下行到肾或膀胱,经肾和膀胱的气化作用,生成尿液而排出体外,保持小便的通利。

肺朝百脉是指全身的血液都通过百脉汇聚于肺,经肺的呼吸,进行体内外清浊之气的交换,然后再将富含清气的血液通过百脉输送到全身。

肺主治节是指肺通过治理调节气血津液而起到治理调节全身的作用,其中以治理调节气机为关键。

3)脾

脾位于中焦,在横膈之下、腹腔之内,被称为"仓廪之官"。脾的主要生理功能是主运化和主统血。脾在体合肌肉而主四肢,开窍于口,其华在唇,在志为思,在液为涎。

脾主运化是指脾具有把饮食水谷转化为水谷精微(即谷精)和津液(即水精),并把水谷精微和津液吸收、转输到全身各脏腑的生理功能。

其包括运化水谷和运化水液两个方面。

运化水谷,是指脾促进水谷的消化和吸收并传输其精微物质的功能。水谷经胃粗加工后变为食糜,由胃经幽门传入小肠,作进一步精细的消化,根据脾气的作用,可分为清浊两部分。其精微部分,经脾气的激发作用由小肠吸收,再由脾气的转输作用输送到其他四脏,分别化为精、气、血、津液,内养五脏六腑,外养四肢百骸、皮毛筋肉。

运化水液,是指脾的吸收、转输水液,调节水液代谢的功能。脾气运化水液的功能体现为两个方面:一是将胃和小肠消化吸收的津液,大肠吸收的水液,以及由肾气的蒸化作用回吸收的水液,经脾气的转输作用上输于肺,再由肺气的宣发肃降作用输布于全身,使"水精四布,五经并行"(《黄帝内经·素问·经脉别论》);二是在水液的代谢过程中起枢转作用。肺为水之上源,肾为水之下源,而脾居中焦,为水液升降输布的枢纽。凡水液的上腾下达,均有赖于脾气的枢转。运化食物和运化水液,是脾主运化的两个方面,二者是同时进行的。

脾主统血是指脾具有统摄控制血液,使之在经脉中运行而不逸出脉外的功能。脾运化的水谷精微,经过气化作用生成血液。脾统血的作用是通过气摄血的作用来实现的。脾为气血生化之源,气为血帅,血随气行。脾的运化功能健旺,则气血充盈,气能摄血,气旺则固摄作用亦强,血液也不会逸出脉外而发生出血现象。反之,脾的运化功能减退,化源不足,则气血虚亏,气虚则统摄无权,血离脉道,从而导致出血。由此可见,脾主统血,实际上是气对血作用的具体体现。脾不仅能够生血,还能摄血,具有生血、摄血的双重功能。

4)肝

肝位于腹腔,横膈之下,右胁之内,被称为"将军之官"。肝的主要生理功能是主疏泄和主藏血。肝在体合筋,其华在爪,开窍于目,在志为怒,在液为泪。

肝主疏泄主要表现在调畅气机方面。情志活动分属五脏,由心所主,亦与肝的疏泄功能有关。心所主神志的功能的物质基础是血液,而血的生成和运行,又依赖于气机的调畅,因肝主疏泄,调畅气机,所以肝具有调畅情志的功能。肝气的疏泄功能正常,气机调畅,气血调和,则心情舒畅,情志活动正常;若肝气的疏泄功能不及,肝气郁结,可见心情抑郁不乐,稍受刺激即抑郁难解,或悲忧善虑,患得患失;若肝气郁而化火,或大怒伤肝,"怒则气上",肝气上逆,肝的升泄太过,可见烦躁易怒、亢奋激动的表现。

肝主藏血是指肝有贮藏血液、调节血量及防止出血的功能。贮藏血液是指肝可以将一定量的血贮存于肝内,以供机体各部分活动时所需,故肝有"血之府库"之称。调节血量是指肝对调节人体各部分血量的分配,特别是对外周血量的调节起着重要作用。在正常生理情况下,人体各部分的血量是相对恒定的。但是随着机体活动量的增减,情绪的变化,以及外界气候变化的影响,人体各部分的血量也随之改变。

5) 肾

肾位于腰部脊柱两侧,左右各一,被称为"先天之本"。肾的主要生理功能是主藏精、主水、主纳气。肾在体合骨,生髓,通脑,其华在发,在窍为耳及二阴,在志为恐,在液为唾。

肾主藏精,精得藏于肾,发挥其生理效应而不无故流失,依赖于肾气的闭藏作用和激发作用的协调。精,又称精气,是构成人体和维持人体生命活动的最基本物质。就精气来源而言,有先天、后天之分,先天之精来源于父母的生殖之精,是禀受于父母的生命遗传物质,与生俱来,藏于肾中,后天之精是指脾胃所化生的精微物质。

肾主水,从广义来讲,是指肾为水脏,泛指肾具有藏精和调节水液的作用;从狭义而言,是指肾具有主司和调节全身水液代谢的功能。人体的水液代谢是一个十分复杂的过程,肾对水液代谢的主持和调节作用,可以从两方面来认识:一是肾阴和肾阳对整个水液代谢过程中的各个器官的调节作用。二是在水液代谢过程中,先是胃、小肠、大肠在脾的协助下,吸收水谷中的精微而产生津液;然后,经过脾、肺、肾和三焦,将津液输布于全身,发挥滋润和濡养的作用;最后,代谢所产生的废液,通过尿、汗、粪和呼出的水气而排出体外。

肾主纳气,是指肾气有摄纳肺所吸入的自然界清气,保持吸气的深度,防止呼吸表浅的作用,以保证体内外气体的正常交换。人体的呼吸功能,由肺所主,其中呼气主要依赖肺气的宣发作用,吸气主要依赖肺气的肃降作用,但要维持清气有一定的吸入深度,必须依赖肾气的纳气功能。

(二) 八段锦中藏象学说的运用

八段锦的每一势不仅与疏通经络有关,而且与调理脏腑有联系。每势的练习都要求上下肢协调配合,动作柔缓,松紧适宜,动静结合,从整体上对脏腑功能的阴阳协调大有裨益。从字面看,八段锦的八节动作中,如"两手托天理三焦"提及三焦之腑。三焦在中医藏象理论中,既是元气运行之通道,又系水液通行之场所,是上焦(心肺所居)、中焦(脾胃所处)、下焦(肝肾所属)的总称。诚如《难经》所云:"三焦者,原气之别使也,主通行三气,经历于五脏六腑。"《中藏经》亦云:"三焦者,人之三元之气也,号曰中清之腑,总领五脏六腑、荣卫经络、内外左右上下之气也。三焦通则内外左右上下皆通也,其于周身灌体,和内调外,荣左养右,导上宣下,莫大于此也。"因此,"两手托天理三焦"并非仅影响三焦之腑,而是影响到整个经络系统及其络属脏腑。中医认为,肝主筋,喜疏泄条达。八段锦的动作中,有诸多伸展性动作,可以提高练习者筋(肌腱、韧带、筋膜等)的柔韧性,使筋条达,肝气疏顺。对于有"筋出槽、骨错缝"状况的练习者,通过伸展运动,可以使筋归槽、骨合缝,从而"骨正筋柔,气血以流",最终改善身体状况。"攒拳怒目增气力"的动作,要求"攒拳"和"怒目",无疑也有助于调理肝的生理功能。

第二节　八段锦的养生原理

八段锦的运动强度和动作编排次序,符合运动学和生理学规律,其对人体之所以有良好的作用,是因为它的每一势都可调整人体相应脏腑功能,各个动作对某一脏器的作用有一定的针对性,但是这种作用又是综合性、全身性的,并非头痛医头,脚痛医脚。只有把八段锦各节动作综合起来,才能起到调脾胃、理三焦、去心火、固肾腰的养生康复作用。

一、两手托天理三焦

三焦,系中医学对人身部位的名称,分为上焦、中焦和下焦。上焦一般指胸膈以上部位,包括心、肺等脏腑;中焦指膈以下、脐以上部位,包括脾、胃等;下焦指脐以下,包括肝、肾、膀胱、大肠、小肠等。三焦有主持诸气、总司人体气化的功能。吸气时,两手上托,充分拔长机体,拉长腹部,使胸腔和腹腔容积增大;头部后仰,扩张胸部,具有升举气机、梳理三焦的作用;呼气时,两手分开从体侧徐徐落下,有利于气机的下降。一升一降,气机运动平衡。

这一节从动作上看是四肢和躯干的伸展运动,和伸懒腰很相似。当两手上托时,整个躯干和上肢得到有效伸展,从而使三焦通畅、气血调和,手、足三阴三阳,以及任脉等经络得以相应刺激,通过疏通经络所主的脏腑,以及其络属的经筋和皮部,从而使三焦气机得以畅通和运化。另外,通过对脊柱的对拉拔长,可激活背部的督脉及脊柱两侧的足太阳膀胱经,由于"督脉为阳脉之海",膀胱经为背部贯穿上下之阳脉,所以可起到助长身体阳气生发的作用。

八段锦开头就做这一动作,一是可消除疲劳,吸进更多的新鲜空气;二是一种全身肌肉和内脏的总动员,给以下各段动作作好准备;三是对三焦有调整作用。由于这节动作是全身的伸展活动,又伴随深呼吸,所以对内脏各部调理是自然的。不仅如此,通过两手交叉上托,缓慢用力,保持抻拉,拉长躯干与上肢各关节周围的肌肉、韧带及关节软组织,对脊柱和腰背肌肉群也有良好的作用,有助于矫正两肩内收和圆背、驼背等不良姿势。

二、左右开弓似射雕

督脉起于胞中,沿脊柱上行,至头面部;手厥阴心包经从胸走向手,起自天池,止于中冲;手太阴肺经也从胸走向手,起自中府,止于少商。本节动作通过沉肩、坐腕、翘指等,可以起到疏通手太阴肺经、手阳明大肠经、手厥阴心包经之气的作用,达到调理心肺功能的目的。

本节动作对肝肺气机具有调理作用。中医学认为,肝气以生发、疏泄为顺,肺气以宣发、肃降为畅。这在立势八段锦歌诀中就有"左肝右肺似射雕"的记载。"左肝右肺"实际讲的是"主升之肝气"与"主降之肺气"的气机升降之生理含义,前者用左表示升,后者用右表示降,并非指脏腑的解剖学之义。通过两臂的左右对拉拔长、展肩扩胸,不仅对心肺功能具有良好的改善效果,还可对心肺气机进行平衡调节,以保证脏腑气机处于正常的升降状态。"左右开弓似射雕"动作还可激发督脉、背部腧穴及手太阴肺经、手厥阴心包经等经络,从而使气血得以运行正常。

本节动作主要是扩张胸部作用于上焦。吸气时,双手似开弓式,左右尽力拉开,增加前臂和手部肌肉的力量,提高手腕关节及指关节的灵活性。同时,加大胸廓横径,以吸进更多的新鲜空气,由于两肺的舒张与收缩对心脏起到直接的挤压和按摩作用,因此,本节动作还可加强心肺功能。马步下蹲姿势可有效提升腿部肌肉力量,提高平衡和协调能力。

三、调理脾胃须单举

脾胃是人体的后天之本,气血生化之源,具有饮食物的受纳、消化与水谷精微的吸收,气血的生化,气机升降的调节等功能。脾为五脏之一,其气主升;胃为六腑之一,其气主降。脾胃之升降,是全身气机升降枢纽。足太阴脾经起于足大趾内侧,沿大腿内侧缘上行并进入胸腹部;足阳明胃经起于头面部,通过胸腹部循行至足,且此两条经络均贯穿胸腹部。本势通过两手臂上撑下按可以充分牵拉腹腔,从而激活胸肋及腹部的足太阴脾经、足阳明胃经,达到健脾胃的作用。

通过两臂的交替举落和对拉拔长作用于中脘,以达到挤压腹腔和舒展腰腹的功能及对腹腔脏器进行按摩的功能,特别是对脾胃消化系统,具有增强胃肠蠕动、提升消化吸收能力的作用,能改善消化系统机能。还可使脊柱内各椎骨间的小关节及小肌肉得到锻炼,从而增强脊柱的灵活性与稳定性,有利于预防和治疗肩、颈疾病等。

四、五劳七伤往后瞧

五劳,一般有两种解释:一指心、肝、脾、肺、肾等五脏劳损,二指"久视伤血,久卧伤气,久坐伤肉,久立伤骨,久行伤筋"。不论哪种解释,都是因劳逸不当、活动失调而引起的几种损伤。可以理解为,五劳的外伤在气、血、肉、骨、筋,内伤在肺、心、脾、肾、肝。七伤的说法也不同,有所谓喜、怒、悲、忧、恐、惊、思七种不良的情绪。有人认为七伤是七种劳伤的病因,即大饱伤脾,大怒伤肝,强力举重、久坐湿地伤肾,形寒饮冷伤肺,忧愁思虑伤心,风雨寒暑伤形,恐惧不节伤志;还有人认为是肾气亏损的七种症状,总之也是精神活动过度强烈、持久或者过度静止、抑郁而导致的神经紊乱失调,从而造成脏腑气血劳损、脏腑机能失调。

这一节动作是头部反复向左、向右转动,眼球尽量往后看。头部运动对脑部(中枢神经)、颈椎(通往全身的神经总通路)都有良好作用,不仅能改善脑部供血供氧,增强颈部肌肉活动,从而发挥大脑对全身五脏六腑的指挥功能,而且对消除大脑和中枢神经系统的疲劳和一些生理功能障碍等也有促进作用,从而达到消除疲劳和劳损的目的。大椎穴是手三阳经、足三阳经和督脉交会的地方,总督一身之阳气。"往后瞧"的动作,可以刺激大椎穴,更好地激发阳气上升,还可将整个脊柱,以腰骶部为支点,进行全面的旋转、拉伸,在带动两侧的骨骼和软组织协调运动的基础上,增强深层韧带、小关节的运动,增强深层组织的气血供给,以改善久劳积伤之疾。因此,"往后瞧"有防治"五劳七伤"之说。

五、摇头摆尾去心火

心火是情志之火,为内发或六气郁成之火。心火者,思虑过度,内火旺盛。要降心火,须得肾水,心肾相交,水火既济。这一动作,摇头前俯,可激活大椎穴,尾闾摆动,可畅通督脉,刺激脊柱和命门穴。中医理论认为腰为肾之府,命门贯脊属肾,肾在五行中属水,心在五行中属火,水能克火,只有壮腰强肾才能调理心火,所以刺激脊柱和命门穴,可以增强肾对人体各脏腑器官滋养和濡润的作用,使心火下降,肾水上升,能够起到安神解郁、聪脑明目的作用。

从生理学角度来看,通过对脊柱大幅度侧屈、环转及回旋,配合提肛、收腹和膈肌的升降,加强了对腹腔器官的按摩、挤压,加快了排泄过程,以除心火。摇头摆臀、拧转腰胯的运动,能使头颈、腰腹及臀部、腿部等多处肌群参与收缩,既增加了颈、腰、髋及下肢关节的灵活性,又使相关肌群肌力增强,并自上而下带动颈椎、胸椎、腰椎、骶尾椎进行旋转,最大限度地左右旋转整个脊柱,牵拉脊柱周围的软组织,以加强脊柱及脊柱周围组织的气血运行。脊柱与督脉、足太阴膀胱经的关系极为密切,而这两条经脉都与脑有直接的联系，"督脉，入络于脑"，"足太阳膀胱经，从巅入络脑"，所以对脊柱及脊柱周围组织的牵引拉伸作用直接影响了两条经脉的气血运行，进而对心脑的供血有很好的促进作用，其冠名"去心火"的真实意义就在于此。脑为元神之府，气血上荣于脑，神明得安，心火自然得除。所以，练习"摇头摆尾"既可去心火，又有壮腰固肾之功效。

六、两手攀足固肾腰

"腰为肾之府。"肾位于腰部脊柱两侧，其生理功能是藏精、主骨、生髓，为生殖发育之源。足少阴肾经从足走向胸，起于涌泉穴，止于俞府穴；足太阳膀胱经从头走向足，起自睛明穴，止于至阴穴。本节动作伸屈幅度大，通过双手攀足的动作，引动足太阳膀胱经和足少阴肾经的经气运行，达到补肾气、强腰固肾的作用。

腰部的前俯后仰，可以充分伸展腰腹肌群，有效发展躯干前、后伸屈脊柱肌群的力量与伸展性，使腰部各组织、各器官，特别是肾脏、肾上腺等得到良好的牵拉和按摩，既有助于防治常见的腰肌劳损等疾病，又能增强全身机能；还可刺激背部的督脉与腹正中线的任脉，从而发挥温补和濡养作用。泌尿、生殖系统的功能都与腰关系密切，本节动作对此类疾病的康复有很好的作用，所以"腰强健则肾固秘"。但高血压和动脉硬化患者在习练时，头部不宜垂得太低。

七、攒拳怒目增气力

本节动作中的"怒目瞪眼"可刺激肝经，使肝血充盈，肝气疏泄，气血调和，经脉得以涵养，从而保证肝有强筋健骨的作用。"筋为肝所主"，全身筋的活动都依赖于肝血的濡养和肝气的升发。通过攒拳怒目，可以抻拉手臂筋脉，有助于疏肝理气，改善肝藏血和调节血液流量的功能。通过出拳前伸、拳臂后展的动作着重调动胸中之气。胸部为手厥阴心包经所起的部位、四海之一（气之海），又是宗气所聚的地方，内藏心肺两脏，胸中之气被调动起来，可以开心肺气血、通胸中气街，使气血通利，则气力可增。

两腿下蹲十趾抓地、双手攒拳、旋腕、手指逐节强力抓握等动作可以刺激十二经脉的俞穴和督脉等，同时，使全身肌肉、筋脉受到牵张刺激，增加肌肉力量和身体的稳定性，长期锻炼可使全身肌肉结实，气力倍增。

八、背后七颠百病消

脚趾为足三阴、足三阳经交会之处，脚十趾抓地，可刺激足部有关经脉，调节相应脏腑的功能。提踵、颠足可激发足三阴、足三阳的井穴和原穴。中医将井穴喻为水的源头，它是气血的发源地；原穴是脏腑原气经过的地方，故提踵、颠足能促使下肢经脉的疏通，从而达到调理相应脏腑功能的作用，有助于防治疾病。反复提踵、颠足，辅之以收腹提肛，有助于激发任、督二脉的调节功能，并能规律性地挤压按摩五脏六腑，有利于全身气血通畅。

提踵颠足，其力由脚跟经下肢各关节向上传递，至人体脊柱的各椎体及大脑，在传递中可震动脊柱和大脑，刺激人体中枢神经。颠足可强健骨骼，预防骨质疏松。提踵可发展小腿后群肌力，增强足弓及踝关节周围韧带的力量，提高人体平衡能力。通过全身上下颠动，产生均匀、协调的振荡波，作用于人体的气血津液，将体内浊气、病邪祛除。一起一落，震动全身经脉，改善人体各脏腑的气血运行，促进脏腑的生理功能，调节人体的阴阳平衡，增强人体体质，从而可取得"百病皆消"的功效。所谓百病消，并非指单做七颠能消百病，而是指长期坚持练整套八段锦动作才可以改善整个身体机能，夸大些说就是"百病消"。

第四章 八段锦的锻炼功效与社会价值

第一节 八段锦的锻炼功效

八段锦的每一式动作都有针对性,具有治疗某种疾病或调理某一脏腑的功能,并且练习过程注重"调身""调息""调心"三调合一,已经形成完整的预防和治疗疾病、促进健康的养生理论与方法体系。从运动强度来看,八段锦属于中小强度的有氧运动。唐代养生大家孙思邈在《备急千金要方》里提出:"养性之道,常欲小劳,但莫大疲及强所不能堪耳!且流水不腐,户枢不蠹,以其运动故也。"孙思邈所说的运动,正是像八段锦这样中小强度的"小劳",而不是过于剧烈的运动。国内外研究表明,八段锦对人体身心健康的改善有积极的促进作用。

一、八段锦对神经系统的影响

八段锦作为有氧运动,可以增加脑灌注,改善脑组织代谢,减少氧化应激,保护神经元。运动过程中,意念、呼吸和运动紧密结合,不断刺激神经系统,可加快神经元的传导速度,促进神经网络的建立。练习八段锦时,要求心静体松、以意导体,思想高度入静,从而提高自我意识控制神经系统的能力。八段锦强调呼吸自然,意气相合,排除杂念,意守丹田,这样会在大脑皮层产生良性反馈信息,可修复病灶,改善循环,有利于机体的康复和保养。

王玲玉利用经颅磁刺激仪研究 12 周八段锦锻炼对普通大学生冥想状态时中枢神经系统产生的影响,发现习练八段锦可以降低中枢神经系统的兴奋性,增强中枢神经系统对外界刺激的反应能力。Yuen 等对 29 例慢性脑卒中患者进行了每周 3 次,每次 50 分钟,持续 16 周的八段锦训练,结果显示与常规锻炼组相比,简单平衡评定系统测试、5 次坐立试验、起立-行走计时试验效果均显著提高。Xia 等研究发现经过 24 周的八段锦训练后,MCI(轻度认知功能障碍)患者的 MoCA(蒙特利尔认知评估)评分显著增加。Zheng 等进一步对八段锦干预后脑结构的变化进行了研究,结果显示八段锦干预后,MCI 患者右侧额叶、中央前回、枕叶的灰质体积增大,提示八段锦训练可能会增加灰质体积,改善认知功能。因此,八段锦是预防和治疗神经性疾病的一项理想的有氧运动。

二、八段锦对心血管系统的影响

八段锦要求身体端正,气沉丹田。由于膈肌的运动幅度增大,使内脏形成了一个摩擦运动,既可消除腹腔淤血,又可使上下腔静脉血液易于流回右心。八段锦气贯丹田的深长呼吸,可使心律减慢,降低心肌氧消耗量。八段锦锻炼是在前后左右上下几大方位上的缓慢牵拉、旋指、旋腕、旋肩、旋腰、撑挡开跨、伸筋拔骨、螺旋蛹动,静以养神,动以养形,形神兼养,内外合一,阴阳结合,通过外在肢体躯干的屈伸俯仰和内部气机的升降开合,使全身筋脉牵拉舒展,经络畅通,内在"精气神"与外在"筋骨皮"协调统一,从而实现"骨正筋柔,气血以流"的功效。

刘俊荣等在研究健身气功八段锦调节中老年脂质代谢的实验中发现,八段锦可有效防治高脂血症、冠心病,其作为适合中老年人的有氧运动方式,疗效显著优于单纯散步,可显著降低低密度脂蛋白(LDL)、甘油三酯(TG)、总胆固醇(TC)水平,提高高密度脂蛋白(HDL)水平。陈辉等在探讨八段锦对原发性高血压患者血压和血清超敏 C 反应蛋白的影响中,发现八段锦能够抑制细胞因子 C 反应蛋白分泌,并降低血清超敏 C 反应蛋白水平,有较好的控制血压的作用。因此,八段锦锻炼对于改善和提高人体的心血管机能有积极意义。

三、八段锦对呼吸系统的影响

八段锦要求身正,含胸沉气,使呼吸深长,增加肺活量。八段锦的定静作用和内脏按摩作用,可使呼吸通道畅顺,可改善心肺的各种疾病。生理性衰老会导致老年人呼吸系统发生较大变化。肺泡及毛细支气管扩张,肺泡壁内纤维组织增多,肺的弹性结构蜕变,呼吸肌力量减弱,这些变化会使肺的通气和气体扩散能力降低。"两手托天理三焦"、"左右开弓似射雕"和"两手攀足固肾腰"这三个八段锦动作,都要求加大呼吸幅度与呼吸深度,从而使膈肌运动幅度增大,使呼吸肌得到充分锻炼,而膈肌是人体最重要的呼吸肌,对它进行有效锻炼可增加胸腔体积,从而提高肺活量。八段锦采用自然呼吸法,强调"深、长、细、缓、匀、柔",这样可以增加膈肌和腹部肌肉的活动度和调节肋间肌的呼吸功能,使肺泡通气量增大。同时这种呼吸方式可以对五脏六腑起到按摩作用,对诸脏产生的疾病会有良好疗效。

张炜通过研究发现八段锦可以明显提高中老年人的肺活量,改善呼吸系统功能,延缓衰老,强身健体。张惠玲等将符合纳入标准的患者随机分为干预组(52 例)和对照组(50 例),干预组在常规健康教育的基础上进行八段锦锻炼,对照组在健康教育的基础上进行常规散步,结果发现八段锦锻炼提高了慢性阻塞性肺疾病(COPD)患者的生活质量,改善了 COPD 患者的心理、生理状态,以及患者的社会关系和环境。冯毅翀等将 COPD 稳定期老年患者分为试验组(八段锦运动干预和常规药物治疗)和对照组(常规药物治疗)两组,发现八段锦能够改善肺功能各项指标,如 1 秒钟用力呼气量(FEV)、1 秒钟用力呼气量百分比(FEV,%)、容量－容积曲线（FVC）、1秒钟用力呼气量/容量－容积曲线（FEV/FVC）等，从而改善COPD稳定期老年患者肺功能。可见，参加八段锦锻炼不仅能改善和提高人体的呼吸机能，也能提高血液循环功能，大大提高心肺功能。

四、八段锦对消化系统的影响

老年人胃肠道平滑肌、胃肠道腺体萎缩，甚至内脏下垂，消化酶活性降低，消化能力减弱，胃黏膜变薄，肠蠕动能力降低，运送食糜缓慢，易发生胃肠道功能紊乱，引起便秘。八段锦运动可调气血，平阴阳，以意领进，气贯全身，加强循环，濡养周身，尤其以腹式呼吸为主，这样对于膈肌、肝脾胃肠等都起到按摩作用，不仅能加强机体脏腑的功能，而且能促进全身几大系统的循环。

曾进浩等探讨八段锦对功能性消化不良的临床疗效，将50名功能性消化不良患者随机分为对照组和治疗组，对照组予以多潘立酮片药物治疗，实验组则进行八段锦习练干预，评测12周前后两组的总有效率、临床症状积分等指标。结果表明，八段锦不仅能够防治功能性消化不良，还能够明显提高其生活质量，尤其是在日常活动、焦虑及饮食等方面更为明显。石莉杰等选取84例腹泻型肠易激综合征患者，随机分为对照组及实验组，对照组进行口服培菲康治疗，实验组在口服培菲康治疗基础上予以八段锦运动干预，疗程均为12周。较之对照组，实验组在总体疗效方面更加有效，说明口服培菲康与"口服培菲康＋八段锦运动"对腹泻型肠易激综合征均有一定的疗效；八段锦运动联合培菲康的疗效优于单用培菲康，二者结合具有身心同治的作用。因此，八段锦锻炼不但可改善机体的消化系统，而且可以提高健康水平。

五、八段锦对运动系统的影响

随着年龄增加，老年人的肌肉、骨骼、韧带等运动器官发生退行性变化。其外在表现为：关节变形、肌肉韧带萎缩、脊柱弯曲，甚至驼背，易患颈椎病、腰椎间盘突出症，甚至骨折等。内在表现为：老年人骨髓内细胞老化，造血机能减退，钙质流失，神经传导速度降低，骨质疏松、脆性增加，关节韧带弹性下降，力量减小等。八段锦锻炼是在前后左右上下几大方位的缓慢牵拉，进行着旋指、旋腕、旋肩、旋腰、抻筋拔骨的有氧运动，这种螺旋蛹动式的运动方式产生的生理负荷，使骨骼、肌肉和关节得到全面系统的锻炼。

汪春等将 72 例肩周炎患者随机分为电针治疗对照组和在电针治疗基础上结合八段锦锻炼的治疗组，通过 4 周八段锦锻炼，从疼痛程度、肩关节活动功能两方面观察八段锦锻炼治疗肩周炎疗效。结果表明，八段锦锻炼能够明显改善肩周炎患者的疼痛及关节活动度，有很好的临床疗效。何欣蔚选择符合诊断标准的颈型颈椎病患者 60 例，分为试验组和对照组各 30 例。对照组仅用常规疗法（手法治疗），试验组在常规疗法的基础上增加了八段锦运动处方。从临床效果来看，常规手法配合八段锦运动处方优于单纯常规手法治疗，能更显著改善颈型颈椎病患者的焦虑、抑郁等不良心理状态，减少颈椎活动受限程度，降低患者疼痛程度，减轻临床症状，提高治疗满意度。因此，八段锦可有效改善机体的运动系统。

六、八段锦对心理健康的影响

八段锦能调节心理健康水平的主要原因是锻炼八段锦可以降低人们对内部情绪和外部刺激的干扰，使精神紧张、焦虑不安、情绪低落、烦躁等心理障碍逐渐得到调整和改善。此外，八段锦对各种不健康情绪（情绪欠佳、易激动、心烦气躁、抑郁、焦虑）的康复作用都较为显著。因此，八段锦锻炼能够调摄精神，使练习者通过自我调理而保持或恢复健康，处于恬淡舒适、神态清明的状态。八段锦锻炼要求习练者心静体松、精神内敛、调整身形、以意导动、心平气和、排除杂念、坦荡安稳，最后达到自我调整、改善心理健康的目的。这样可以使练习者既无大量的体力消耗，也无精神上的高度紧张。

刘洪福等对八段锦健心功效进行了实验探讨，将 100 名在校大学生随机分成实验组和对照组，实验组 50 名学生练习八段锦 12 周，实验前后采用心境状态量表（POMS）及症状自评量表（SCL－90）进行心理测试，并且进行统计分析。结果表明，习练八段锦能明显改善抑郁、紧张、焦虑等不良情绪，在对改善强迫、敌对、偏执症状及精神病等方面也有显著效果，能够促进大学生心理健康及心境向积极的方向发展。邱慧等研究表明，大学生对八段锦进行有规律的训练 12 周后，锻炼组的心理困扰问题显著减少，学生的注意力也显著改善。陈威为了探讨八段锦对城市社区老年人心理健康的影响，选取 180 名 60 岁以上的老年人随机分为实验组和对照组，实验组进行为期 5 个月的八段锦锻炼，并采用 SCL－90 量表测评，结果发现老年人经过八段锦习练后，心理健康状况全方位好转，敌对、抑郁、焦虑、偏执及强迫症等方面得到明显改善。由此我们也可以看出，八段锦作为一种从古代传承下来的传统功法对于改善现代人的心理健康水平起到非常重要的作用。八段锦练习的心理效应就是保持人的情绪稳定性，缓解人的紧张情绪和提高情绪的愉快度，使人精神饱满，思维清晰，心情舒畅。在运动中，大脑皮层处于兴奋状态，可有效地抵制不良思想意识的侵入，为创造良好的心理状态奠定基础。同时八段锦又充实了业余生活，抑制了不健康心理活动的产生。因此，八段锦锻炼不仅能够调节心情、缓解压力、化解不良情绪、促进心理健康，同时给人带来青春的活力和生活的乐趣。

综上所述，八段锦具有柔筋健骨、养气壮力、行气活血、协调五脏六腑的功能，对人体神经系统、心血管系统、消化系统、呼吸系统及运动系统等都有良好的调节作用，是一套健康、科学、有效的导引功法。

第二节　八段锦的社会价值

　　八段锦是在我国古代导引术的基础上，经历代先贤不断优化逐渐完善创编的一套经典的导引功法，成为中华民族宝贵的历史文化遗产。八段锦能延续千年且长盛不衰，主要原因在于简单易学、功效显著、老少皆宜。通过广大人民群众的热情实践，中医养生功法的内涵与价值不断丰富、历久弥新，在当代彰显出其独特的社会价值。

一、祛病健身价值

　　作为一种防治结合的传统导引术，八段锦全面的动作设计及"小劳"的运动强度，符合运动促进健康的理念。其以调身、调息、调心为练功原则，调身以牵伸经筋为原则，调息以缓慢细长为原则，调心以意守十二经脉的气血运行方向为原则，符合中国传统养生功法体系的本质特征，即调身、理气、正形。不同体质人群和不同慢性疾病的患者，可以选取相应的八段锦动作，坚持锻炼，从而增强体质、减缓衰老。经络遍布全身，是人体气、血、津液运行的通道，有广泛且重要的生理作用，概括起来，经络可运行气血、营内卫外、联络脏腑、病邪传变、诊察病机等。中医认为"经脉者，所以能决死生，处百病，调虚实，不可不通"，"通则不痛，痛则不通"，可见经络阻滞是疾病发生的主要原因之一。因此，八段锦的医疗保健作用，也必将通过疏通经络这一机制来实现。练习八段锦，可令气经任、督、带、冲诸经脉上行于肩、臂、肘、腕，下行于胯、膝、踝，至于手足四肢末，周流全身之后，气复归于丹田，触动气血循经络互流，百脉皆通，气血充盈；同时体内气血运行发生调节性改变，血液呈现再分配状态，使得末梢血管扩张，大大改善毛细血管的微循环，增强血氧的体内交换，周身肌肉、筋骨、关节、四肢百骸均得到锻炼，从而证明八段锦锻炼可以疏通经络、调和气血,达到祛病健身的功效。

二、养生养性价值

八段锦不仅是在人们与生活环境、疾病作抗争中产生并发展的,更是中华民族的养生文化史和哲学思想史,它能促进一个民族走向文化的自尊与自强。它们在自然形态中呈现出的对人性修养的提升,体现着天人合一、顺应自然、身心俱养、以和为贵、少私寡欲、尊道贵德等传统道德伦理养生理念。当人的养性与修身糅为一体的时候,就达到了所谓的"天人合一"的境界,按照"天人合一"的思路,实际上就是促使自己的精神境界与天道相合,从根本上看,这与顺道养生的基本精神完全一致。正所谓"故举道可以立德,而立德亦以明道"。八段锦的调心就是静养其身,通过入静安养来达到养性、修德的功效。八段锦是具有哲学思想内涵的中华民族传统养生文化,通过八段锦锻炼,人们可以对中国哲学进行感悟,而哲学思考有利于人们放松身心、体验自然,促进人与人的交往、人与自然和社会的和谐相处,让人们在锻炼中获得身心的愉悦,满足人们修身养性的需要。

三、铸魂育人价值

1982 年 6 月,国家卫生部、教育部和国家体育运动委员会联合下发通知,要求将八段锦等中国传统健身法作为在医学类大学中推广的"保健体育课"的教学内容之一。2003 年至今,国家体育总局创编的《健身气功·八段锦》在全世界广泛传播。八段锦锻炼不仅在高校广泛开展,而且在中小学也深受欢迎。传统体育文化作为中国传统文化的重要组成部分,根植于劳动人民的生活实践中,深受医学,养生学,道家、佛家、儒家文化及哲学思想的影响,同时与儒释道等传统文化互补相承。传统导引术蕴含着民族文化的精髓,是打开传统文化的一把钥匙。八段锦融合了中医、儒、道、释的文化特质,体现了中国传统文化的天人合一、阴阳平衡的思想,其动作优美、简单易学、运动负荷适当。八段锦锻炼不仅能缓解学生的学业压力,促进其身心健康,还能帮助学生体悟到民族文化的博大精深,树立文化自觉和文化自信。习练八段锦的过程实质上是进行自我锻炼、自我教育、自我改造的过程,有助于习练者养成自强不息、厚德载物的精神品质,达到崇高的精神境界。在未来的终身体育教育中,八段锦必将发挥巨大的铸魂育人价值。

四、文化传承价值

中华文化积淀着中华民族最深沉的精神追求,包含着中华民族最根本的精神基因,其传承、创新、发展已经成为国家重要的文化发展战略。中华传统文化需要通过各种文化载体去传承与发扬,八段锦就是一个很好的载体,因为它本身承载着中华民族深邃的养生文化底蕴。八段锦是以肢体语言阐释着儒释道文化,表现出"天人合一"的整体观、阴阳平衡的辩证观、势运道圆的中和观。面对人类文化日益趋向世界性与民族性的今天,我国文化的发展应立足于本民族传统文化,它是我们与世界文化对话交流的基础,没有本民族传统文化也就失去了民族之根,当然也就失去了与世界文化交流与融合的前提。2017 年 1 月,中共中央办公厅、国务院办公厅印发的《关于实施中华优秀传统文化传承发展工程的意见》就明确指出,要发展传统体育,抢救濒危传统体育项目,把传统体育项目纳入全民健身工程。承载着深厚中华民族养生文化底蕴的八段锦,其独特的价值越来越受到世人的认可和瞩目。以文化交流的形式向国内外推广八段锦,不仅是为了传播八段锦文化,更是为了增进民众对中华文化的了解、感知。简而言之,通过八段锦的传播来弘扬中华优秀传统文化,是中华优秀传统文化传承发展工程建设的有力践行,有助于推动中华优秀传统文化走出国门,走向世界。

实 践 篇

第五章 坐式八段锦

一、坐式八段锦概述

坐式八段锦采用了古代八段锦的运动规律和锻炼要领,沿用了清末八段锦的口诀,并结合现代养生方法,在传统站式八段锦的基础上,由上海中医药大学传统保健体育团队创编而成。该功法的前半套动作以升、降、开、合皮毛腠理,微发汗为主;后半套动作则以俯、伸、拍、颠腰肾筋骨,平缓收摄为主。长期坚持锻炼,能起到理三焦、通经脉、调脏腑和壮筋骨的健身效果。坐式八段锦具有简单易学、动作安全、条理清晰、适用广泛的特点,特别适合没有运动基础的中老年人群、长期坐卧的亚健康人群及中风后遗症患者等习练。

二、坐式八段锦动作图解

(一) 两手托天理三焦

1. 动作一

(1) 两脚分开,平铺于地,双手按膝上,目视前方(见图5-1)。

(2) 左手虎口沿右手臂上行,掌心向下,左掌经右腋前时,翻掌上托至左额上方,掌心向上,眼随手动(见图5-2、图5-3、图5-4)。

(3) 左手外展下落,收于左膝,目视前方(见图5-5、图5-6)。

(4) 右式动作同(2-3),唯左右相反(见图5-7、图5-8、图5-9、图5-10、图5-11)。

图 5 - 1

图 5 - 2

图 5 - 3

图 5 - 4

图 5 - 5

图 5 - 6

图 5 - 7　　　　　　　　图 5 - 8　　　　　　　　图 5 - 9

图 5 - 10　　　　　　　　图 5 - 11

动作要点：上托之掌，于额前上方停顿 2 秒，劲力上托外撑。

2. 动作二

（1）两手腹前交叉，沿体前上举至额，掌心向前，目视手背（见图 5 -
12、图 5 - 13）。

（2）两手左右分掌，掌心向上，目视上方（见图 5 - 14）。

（3）两手沿身体两侧下落,收于膝上,目视前方（见图 5－15、图 5－16）。

（4）右式动作同（1－3）,唯左右相反（见图 5－17、图 5－18、图 5－19、图 5－20、图 5－21）。

图 5－12　　　　　　　图 5－13　　　　　　　图 5－14

图 5－15　　　　　　　图 5－16

图 5－17

图 5－18

图 5－19

图 5－20

图 5－21

动作要点：两手上托，于额前分手，至两侧额外上方停顿 2 秒，劲力上托外撑，意守掌心劳宫穴。

（二）左右开弓似射雕

1. 动作一

（1）两脚分开，平铺于地，两手按膝上，目视前方（见图 5－21）。

（2）左手握空拳，沿右臂上行，至右肩前向左顶肘，拳心向下，目视左侧（见图 5－22、图 5－23）。

（3）左手沿右臂回落，收于膝上，目视前方（见图 5－24）。

（4）右式动作同（2－3），唯左右相反（见图 5－25、图 5－26、图 5－27）。

图 5－22　　　　　　　图 5－23　　　　　　　图 5－24

图 5－25　　　　　　　图 5－26　　　　　　　图 5－27

动作要点：顶肘时，停顿 2 秒，目光随力远眺。

2. 动作二

（1）两掌变拳沿体前提至胸前向两侧顶肘，拳心向下，目视左侧（见图 5 - 28）。

（2）两手下落，收于膝上，目视前方（见图 5 - 29）。

（3）右式动作同（1 - 2），唯左右相反（见图 5 - 30、图 5 - 31）。

图 5 - 28　　　　　　　　　图 5 - 29

图 5 - 30　　　　　　　　　图 5 - 31

动作要点:顶肘时,停顿2秒,肩、肘、腕同一水平。

(三) 调理脾胃须单举

(1) 两脚分开,平铺于地,两手按膝上,目视前方(见图5-31)。

(2) 左掌从左侧由下向上摆至头顶上方,掌心向上,指尖向右,目视手背(见图5-32、图5-33)。

(3) 左手沿体侧落下,收于膝上,目视前方(见图5-34、图5-35)。

(4) 右式动作同(2-3),唯左右相反(见图5-36、图5-37、图5-38、图5-39)。

图5-32   图5-33   图5-34

图5-35   图5-36   图5-37

图 5－38　　　　　　　　　图 5－39

动作要点:举手时,同侧胁肋向外拉伸,停顿 2 秒,眼随手动。

（四）　五劳七伤往后瞧

（1）　两脚分开,平铺于地,两手按膝上,目视前方（见图 5－39）。

（2）　右手搭于左肘,上体向左后转,目视后方（见图 5－40、图 5－41）。

（3）　扶于左肘的右手收于膝上,目视前方（见图 5－42、图 5－43）。

（4）　右式动作同（2－3）,唯左右相反（见图 5－44、图 5－45、图 5－46、图 5－47）。

图 5 - 40

图 5 - 41

图 5 - 42

图 5 - 43

图 5 - 44

图 5 - 45

图 5 – 46   图 5 – 47

动作要点:后转时,以腰带转,身体向上拔伸,停顿 2 秒;回转时,身体自然放松弹回,气下沉。

(五)摇头摆尾去心火

(1) 两脚分开,平铺于地,两手按膝上,目视前方(见图 5 – 47)。

(2) 左脚向前踢出,力达脚尖(见图 5 – 48)。

(3) 右拳叩击左膝下足三里(见图 5 – 49)。

(4) 左脚收回轻落,右手收于膝上,目视前方(见图 5 – 50、图 5 – 51)。

(5) 右式动作同(2—4),唯左右相反(见图 5 – 52、图 5 – 53、图 5 –54、图 5 – 55)。

图 5 - 48

图 5 - 49

图 5 - 50

图 5 - 51

图 5 - 52

图 5 - 53

图 5 - 54　　　　　　图 5 - 55

动作要点:脚踢出时,腰轻轻向侧面带转。踢出、叩击、前倾,停顿2秒。

（六）两手攀足固肾腰

1. 动作一

（1）两脚分开,平铺于地,两手按膝上,目视前方(见图 5 - 55)。

（2）右手扶于左大腿(见图 5 - 56)。

（3）上体前俯,两手由左膝外侧向下摩运至外踝触地,眼随手动(见图 5 - 57、图 5 - 58)。

（4）上体回正,两手由脚外踝向上摩运,收于膝上,目视前方(见图 5 - 59、图 5 - 60、图 5 - 61)。

（5）右式动作同(2 - 4),唯左右相反(见图 5 - 62、图 5 - 63、图 5 - 64、图 5 - 65、图 5 - 66、图 5 - 67)。

图 5 - 56

图 5 - 57

图 5 - 58

图 5 - 59

图 5 - 60

图 5 - 61

图 5 - 62

图 5 - 63

图 5 - 64

图 5 - 65

图 5 - 66

图 5 - 67

动作要点:两手落地后,力透涌泉,停顿 2 秒。

2. 动作二

(1) 上体前俯,两手由双膝前向下摩运,经脚面至脚前方触地(见图 5 - 68、图 5 - 69)。

(2) 上体回正,两手由胫前向上摩运,收于膝上,目视前方(见图 5 -

70、图 5 − 71）。

图 5 − 68 图 5 − 69

图 5 − 70 图 5 − 71

动作要点：两手沿腿摩运时，掌心内贴小腿，眼随手动，俯伸轻灵，上下柔和，呼吸自然。

（七）攒拳怒目增气力

1. 动作一

（1）两脚分开，平铺于地，两手按于膝上，目视前方（见图 5-71）。

（2）右手虚握拳，沿左臂向下叩击手五里、曲池穴、手三里、合谷穴，拳眼向上，眼随手动（见图 5-72、图 5-73、图 5-74、图 5-75）。

（3）右拳虚握拳，沿左臂向上原路返回叩击合谷穴、手三里、曲池穴、手五里，眼随手动（见图 5-75、图 5-76、图 5-77、图 5-78）。

（4）叩完两手按于膝上，目视前方（见图 5-79）。

（5）右式动作同（2-4），唯左右相反（见图 5-80、图 5-81、图 5-82、图 5-83、图 5-84、图 5-85、图 5-86、图 5-87）。

图 5-72

图 5-73

图 5-74

图 5 - 75   图 5 - 76   图 5 - 77

图 5 - 78   图 5 - 79

图 5 - 80

图 5 - 81

图 5 - 82

图 5 - 83

图 5 - 84

图 5 - 85

图 5 - 86　　　　　图 5 - 87

动作要点:叩击手臂时,力透穴位,稍有顿促感。

2. 动作二

(1) 两手虚握拳,由内向外沿腿叩击急脉、足五里、风市、阳陵泉穴位,眼随手动(见图 5 - 88、图 5 - 89、图 5 - 90、图 5 - 91)。

(2) 两拳原路返回叩击阳陵泉、风市、足五里、急脉穴位,眼随手动(见图 5 - 92、图 5 - 93、图 5 - 94)。

(3) 叩完两手按于膝上,目视前方(见图 5 - 95)。

图 5 - 88　　　　　图 5 - 89　　　　　图 5 - 90

图 5－91

图 5－92

图 5－93

图 5－94

图 5－95

动作要点:叩击腿部时,力透穴位,稍有冲击感。

3. 动作三

(1) 左掌向前伸出,掌心向上,右手虚握于腹前侧,目视右拳(见图 5－96)。

(2) 右拳向前冲出,拳心向下,左掌收回拍腹,掌心向内,目视前方

（见图 5 - 97）。

（3）两手收于膝上，目视前方（见图 5 - 98）。

（4）右式动作同（1 - 3），唯左右相反（见图 5 - 99、图 5 - 100、图 5 -
101）。

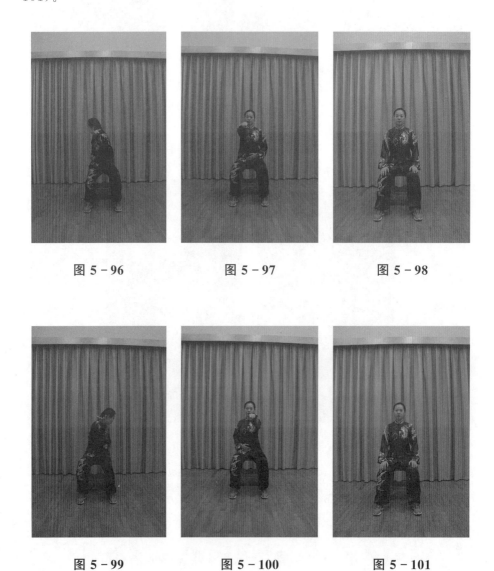

图 5 - 96　　　　　　　图 5 - 97　　　　　　　图 5 - 98

图 5 - 99　　　　　　　图 5 - 100　　　　　　　图 5 - 101

动作要点：冲拳时，力达拳面，回拍之掌，拍于同侧腹前。

（八）背后七颠百病消

1. 动作一

（1）两脚分开,平铺于地,两手按于膝上,目视前方(见图5－101)。

（2）左脚提踵,力透足掌,眼随足动(见图5－102)。

（3）提踵后,向下顿足跟,目视前方(见图5－103)。

（4）右式动作同(2－3),唯左右相反(见图5－104、图5－105)。

图 5－102

图 5－103

图 5－104

图 5－105

动作要点:提踵时,前脚掌透力向下,脚踝尽可能提高;顿足时,腿部放松,使足跟下落后,力从足跟上传至大腿。

2. 动作二

(1) 双足提踵,力透足掌,眼随足动(见图5-106)。

(2) 提踵后,向下顿足跟,目视前方(见图5-107)。

图5-106　　　　　　图5-107

动作要点:提踵时,前脚掌透力向下,脚踝尽可能提高;顿足时,腿部自然放松落下。

3. 动作三

(1) 提左膝垂足尖,掌轻扶膝上,眼随足动(见图5-108)。

(2) 左足向下踏实后,提右足踏实,落地力透全脚掌(见图5-109)。

图 5 - 108　　　　　图 5 - 109

动作要点：双足轮换顿踏时，全脚掌透力向下，提膝尽可能高。

坐式八段锦

第六章　少儿八段锦

一、少儿八段锦概述

为进一步弘扬中华传统体育文化,落实"中医药文化进校园""武术进校园",上海中医药大学传统保健体育团队组织创编了《少儿八段锦》,为儿童少年提供一套具有我国特色的身心运动功法。本套功法从少儿身心特点出发,以中西医理论为指导,汲取古、现代导引之精华,并配以节奏欢快的背景音乐,帮助习练者在轻松愉悦的锻炼中,强健身心,领略中华传统体育的魅力。

二、少儿八段锦动作图解

（一）起势

（1）两脚并步站立,两臂自然垂于体侧,身体中正,目视前方（见图6-1）。

（2）随着松腰沉髋,身体重心移至右腿;左脚向左侧开步,脚尖朝前,约与肩同宽;目视前方（见图6-2）。

（3）两掌经体侧上举,掌心向上,举至头顶上方,掌心向下,斜对百会穴,目视前方（见图6-3）。

（4）身体重心垂直下降,两腿膝关节弯曲;同时,两掌指尖相对,沿体前缓慢下按,至腹前转掌心向内,屈肘、屈腕成抱球状,两掌指尖相对,间距10~20厘米;目视前方（见图6-4、图6-5）。

图 6－1

图 6－2

图 6－3

图 6－4

图 6－5

动作要点：头向上顶，下颏微收，舌抵上腭，双唇轻闭；沉肩坠肘，腋下虚掩；胸部宽舒，腹部松沉；收髋敛臀，上体中正。

（二）两手托天理三焦

（1）两臂外旋微下落，两掌五指分开在腹前交叉，掌心向上，目视前方（见图 6-6）。

（2）两腿徐缓挺膝伸直；同时，两掌上托至胸前，随之两臂内旋向上托起，肘关节伸直，掌心向上；目视前方（见图 6-7、图 6-8）。

（3）上体左转 90°，稍停；随即上体右转 90°转正；目视前方（见图 6-9、图 6-10）。

（4）身体重心缓缓下降，两腿膝关节微屈；同时，十指慢慢分开，两臂分别向身体两侧下落，两掌收至腹前转掌心向内，屈肘、屈腕成抱球状，两掌指尖相对，间距 10～20 厘米；目视前方（见图 6-11）。

（5）右式动作同（1-4），唯方向相反（见图 6-12、图 6-13、图 6-14、图 6-15、图 6-16、图 6-17）。

本式一左一右为 1 遍，共做 2 遍。

图 6-6

图 6-7

图 6 - 8　　　　　　　　　　　图 6 - 9

图 6 - 10　　　　　　　　　　图 6 - 11

图 6 - 12　　　　　　　　　　图 6 - 13

图 6 – 14

图 6 – 15

图 6 – 16

图 6 – 17

动作要点:两掌上托要舒胸展体,略有停顿,保持抻拉;两掌下落,松腰沉髋,沉肩坠肘,松腕舒指,上体中正。

(三) 左右开弓似射雕

(1) 身体重心右移,左脚向左侧开步,两腿屈膝半蹲成马步;同时,两掌向上交叉于胸前,左掌在外,两掌心向内;目视前方(见图 6 – 18)。

(2) 右脚提起,经左脚跟向左插一步,右脚的前脚掌着地,左膝弯曲;目视前方(见图 6 – 19)。

(3) 右掌屈指成"爪",向右拉至肩前;左掌成八字掌,左臂内旋,向左侧推出,与肩同高,坐腕,掌心向左,犹如拉弓射箭之势;目视左掌方向

（见图 6－20）。

（4）身体重心右移，右脚收回成开立步，两腿微屈；右手五指伸开成掌，向右、向下划弧，收至腹前，掌心向内，左手指伸开成掌，向下收至腹前，掌心向内，两掌指尖相对；目视前方（见图 6－21）。

（5）右式动作同（1－4），唯方向相反（见图 6－22、图 6－23、图 6－24、图 6－25）。

本式一左一右为 1 遍，共做 2 遍。

图 6－18

图 6－19

图 6－20

图 6－21

图 6 - 22

图 6 - 23

图 6 - 24

图 6 - 25

动作要点：侧拉之手的五指要并拢屈紧，肩臂放平；八字掌侧撑需沉肩坠肘，屈腕，竖指，掌心涵空。

（四）调理脾胃须单举

（1）两腿徐缓挺膝伸直；同时，左掌上托，左臂内旋，经面前上举至头左上方，肘关节微屈，力达掌根，掌心向上，掌指向右；右掌内旋下按至右髋旁，肘关节微屈，力达掌根，掌心向下，掌指向前；目视前方（见图 6 - 26）。

（2）松腰沉髋，身体重心缓缓下降；两腿膝关节微屈；同时，左臂屈肘外旋，左掌经面前下落于腹前，掌心向内；右臂外旋，右掌向上收于腹前，掌心向内，两掌指尖相对；目视前方（见图6－27）。

（3）右式动作同（1－2），唯方向相反（见图6－28、图6－29）。

（4）两腿徐缓挺膝伸直，上体右转45°；同时，左掌上托，左臂内旋经面前上举至头左上方，肘关节微屈，力达掌根，掌心向上，掌指向右；右掌内旋下按至右髋后，肘关节微屈，力达掌根，掌心向下，掌指向前；目视侧后下方（见图6－30）。

（5）上体左转，松腰沉髋，身体重心缓缓下降；两腿膝关节微屈；同时，左臂屈肘外旋，左掌经面前下落于腹前，掌心向内；右臂外旋，右掌向上收于腹前，掌心向内，两掌指尖相对；目视前方（见图6－31）。

（6）右式动作同（4－5），唯方向相反（见图6－32、图6－33）。

本式两左两右为1遍，共做2遍。

图6－26

图6－27

图6－28

图6－29

图 6 – 30

图 6 – 31

图 6 – 32

图 6 – 33

动作要点：力在掌根，上撑下按，舒胸展体，拔长腰脊。

（五）五劳七伤往后瞧

（1）左脚向前跨一步，脚后跟着地，成左虚步；同时，左手内旋向上摆至胸前，掌心向下，右手外旋收至左手下方，掌心向上，成抱球状；目视前方（见图 6 – 34）。

（2）重心前移，上体左转，左脚外展踏实，右脚跟提起；两手翻掌右前左后撑开，指尖朝上；目视后方（见图 6 – 35）。

（3）重心后移，上体向右转正；左手摆至体前向前平举，掌心向下，指尖向前，右手向前平举，掌心向下，指尖向前（见图 6 – 36）。

（4）左脚收回成开立步，两腿微屈；两手向下收至腹前，掌心向内，两掌指尖相对；目视前方（见图6-37）。

（5）右式动作同（1-4），唯方向相反（见图6-38、图6-39、图6-40、图6-41）。

本式一左一右为1遍，共做2遍。

图6-34

图6-35

图6-36

图6-37

图 6-38   图 6-39

图 6-40   图 6-41

动作要点:头平项直,眼尽量向后看。

(六) 摇头摆尾去心火

(1) 左脚向左横跨一大步,屈膝下蹲,成马步;两手下落扶于膝关节上方,虎口向里;目视前方(见图 6-42)。

(2) 上体向左前方深俯,头尽量向前顶伸(见图 6-43)。

(3) 上体最大幅度地向右摇转,左肩下探,臀部向左摆动,拧腰切胯;头向右后摆,目视后上方(见图 6-44)。

(4) 上体向左转正,目视前方(见图 6-45)。

(5) 右式动作同(2-4),唯方向相反(见图 6-46、图 6-47、图 6-

48）。

（6）左脚收回成开立步，两腿微屈；两手向上摆至腹前，掌心向内，两掌指尖相对；目视前方（见图 6－49）。

本式一左一右为 1 遍，共做 2 遍。

图 6－42

图 6－43

图 6－44

图 6－45

图 6 - 46

图 6 - 47

图 6 - 48

图 6 - 49

动作要点：上体左右摆动，手、眼、身、步、呼吸配合需一致，头部和臀部相对运动，对拉拔长，应有韧劲。两手不离膝，两脚不离地。

（七）两手攀足固肾腰

（1）两手体前上举至头顶，掌心向前；目视前方（见图 6 - 50）。

（2）两手随上体前俯至前平举，两腿伸直，目视下方（见图 6 - 51）。

（3）两手随上体前俯至脚面，两腿伸直（见图 6 - 52）。

（4）两手攀握脚尖，两腿伸直（见图 6 - 53）。

（5）两手握拳敲打小腿外侧足三里穴位（见图 6 - 54）。

（6）上体抬起，两手沿脚后摩运至腰部，目视前方（见图 6 - 55）。

（7）上体后仰，两手按压肾俞穴，头微后仰（见图6-56）。

（8）两腿微屈，两手向上摆至腹前，掌心向内，两掌指尖相对；目视前方（见图6-57）。

本式一上一下为1遍，共做2遍。

图 6-50

图 6-51

图 6-52

图 6-53

图 6 - 54

图 6 - 55

图 6 - 56

图 6 - 57

动作要点:身体前屈和背伸主要为腰部活动,因此两膝应始终伸直,前俯后仰,速度缓慢均匀,运动幅度应由小到大。体弱者可根据身体状况自行调整动作幅度,不可强求。

(八) 攒拳怒目增气力

(1) 身体重心右移,左脚向左开步;两腿徐缓屈膝半蹲成马步;同时,两掌握固,抱于腰侧,拳眼朝上;目视前方(见图 6 - 58)。

(2) 左拳向前冲出,拳心向下;两眼瞪大,怒视左拳(见图 6 - 59)。

(3) 左拳收回,右拳向前冲出;两眼瞪大,怒视右拳(见图 6 - 60)。

(4) 右拳收回,左拳向前冲出;两眼瞪大,怒视左拳(见图 6 - 61)。

（5）左拳收回，右拳向前冲出；两眼瞪大，怒视右拳（见图6-62）。

（6）两手收至腹前交叉，拳心向内，拳面斜向下；目视前方（见图6-63）。

（7）两拳向上举起，向两侧、向下劈拳，拳眼朝上（见图6-64）。

（8）左脚收回成开立步；两手向下收至腹前，掌心向内，两掌指尖相对；目视前方（见图6-65）。

图6-58　　　　　　　　　　　　图6-59

图6-60　　　　　　　　　　　　图6-61

图 6 - 62

图 6 - 63

图 6 - 64

图 6 - 65

动作要点:马步的高低可根据自己的腿部力量灵活掌握。出拳由慢到快,做好拧腰、瞬间急旋前臂动作,体现"寸劲"。脚趾抓地,呼气、瞪眼、怒目配合一致;收拳宜缓慢、轻柔,蓄气、蓄力待发。一张一弛,刚柔相济。

(九) 背后七颠百病消

(1) 两腿挺膝伸直;同时,两手向后撑按,力达掌根,掌心斜向后;目视前方(见图 6 - 66)。

(2) 两腿屈膝微蹲;两手握拳向前平举;目视前方(见图 6 - 67)。

(3) 两腿挺膝伸直,两脚跟提起,头上顶;同时,两手向后撑按,力达掌根,掌心斜向后(见图6-68、图6-69)。

(4) 两腿屈膝微蹲;两手握拳向前平举;目视前方(见图6-70)。

(5) 两手向下收至腹前,掌心向内,两掌指尖相对;目视前方(见图6-71)。

本式提踵下落一起一落为1遍,共做7遍。

图6-66

图6-67

图6-68

图6-69

图 6 - 70

图 6 - 71

动作要点：上提时脚趾要抓地，脚跟尽力抬起，百会穴上顶，略有停顿，要掌握好平衡；脚跟下落时，咬牙，轻震地面，动作不要过急；沉肩舒臂，周身放松。

（十）收势

（1）两掌经体侧上举，掌心向上；举至头顶上方，掌心向下，斜对百会穴；目视前方（见图 6 - 72）。

（2）身体重心垂直下降，两腿膝关节弯曲；同时，两掌沿体前缓慢下按至腹前，指尖相对，间距 10～20 厘米；目视前方（见图 6 - 73）。

（3）左脚向右脚收回并步，两臂自然下落，两掌轻贴于腿外侧；目视前方（见图 6 - 74、图 6 - 75）。

图 6 - 72

图 6 - 73

图 6 - 74　　　　　　　　　　　　图 6 - 75

动作要点:体态安详,周身放松,呼吸自然,气沉丹田。

少儿八段锦

第七章　传统功法八段锦

一、传统功法八段锦概述

传统功法八段锦是中国古代导引术中的重要组成部分,是一套针对一定脏腑、病症而设计的中医传统功法。其中每一句歌诀都明确提出了动作的要领、作用和目的,功法中伸展、前俯、后仰、摇摆等动作,分别作用于人体的三焦、心肺、脾胃、肾腰等部位和器官,可以防治心火、五劳七伤和各种疾病,并有利滑关节、发达肌肉、增长气力、强壮筋骨、帮助消化和调整神经系统的功能。

1982年6月,当时的卫生部、教育部、国家体委联合发出"关于在高等中医药院校体育课中增加传统保健体育内容"的通知,八段锦作为民族传统体育项目开始进入中医药院校课程,有力地促进了八段锦功法技术、理论的发展。本套功法由上海中医药大学传统保健体育团队创编,在全国中医药院校得到广泛开展,已成为传统保健体育课程的教学内容及传统保健体育运动会的比赛项目。其融合了弓步、马步、仆步等武术步型,注重桩功的锻炼,对身体素质有显著的提升效果,非常适合中青年群体习练。

二、传统功法八段锦动作图解

(一)预备势

两脚并拢,两臂自然垂于体侧,身体中正;头颈正直,用意轻轻上顶,下颏微内收,目视前方;用鼻自然呼吸,精神集中,意守丹田。两手从身体两侧举过头顶,后按于腹前,收于身体两侧(见图7-1、图7-2、图7-3、图7-4)。

图 7-1

图 7-2

图 7-3

图 7-4

动作要点:头向上顶,下颏微收,舌抵上腭,双唇轻闭。

(二) 两手托天理三焦

(1) 左脚向左平跨一步,与肩同宽;两手交叉于腹前,沿身体中线上举至头上方;眼随两手;配合吸气(见图7-5、图7-6、图7-7)。

(2) 两手向体侧分开下落,与肩同高,掌心向上,随即上体前俯,两手下落至两脚之间,十指交叉互握;配合呼气(见图 7-8、图 7-9、图 7-10)。

　　(3) 上体抬起,两手沿身体中线上提,至胸前时,翻掌上托至头上方,两臂伸直,提踵、抬头;目视手背;配合吸气(见图 7-11、图 7-12、图 7-13)。

　　(4) 两手左右分开,下落至体侧;脚跟下落着地;双目平视前方;配合呼气(见图 7-14、7-15)。

　　动作要点:两手上托,掌根用力上顶,腰背充分伸展。脚跟上提时,两膝用力伸直内夹,可以加强身体平衡。

图 7-5

图 7-6

图 7-7

图 7-8

图 7 - 9

图 7 - 10

图 7 - 11

图 7 - 12

图 7 - 13

图 7 - 14

图 7 - 15

（三）左右开弓似射雕

（1）左脚向左平跨一步，屈膝下蹲，成马步；两手体前交叉提起至胸前，左臂在外，两掌心均向里；配合呼气（见图 7 - 16）。

（2）右手握拳，拳眼向上，屈肘向右平拉；同时，左手食指上翘，拇指伸直外展，两指成八字撑开，左臂伸肘，向左缓缓用力推出，高与肩平，掌心向左；展臂扩胸，两臂成拉弓状；目视左手；配合吸气（见图 7 - 17）。

（3）两手变掌，右手向右侧伸展，两手同时下落，再向上交叉于胸前。做右式，动作同（1-2），唯左右相反（见图 7 - 18、图 7 - 19）。

动作要点：两臂平拉，用力要均匀，尽量展臂扩胸，头项仍保持挺直。成马步时，挺胸拔背，上体不能前俯，两脚跟外蹬。

图 7 - 16

图 7 - 17

图 7 - 18

图 7 - 19

（四）调理脾胃须单举

（1）两臂侧平举，上体左转由马步变左步；左手握拳收至腰间，右手握拳，随转体屈肘向下、向前举至头前；目视右拳；配合吸气（见图 7 - 20、图 7 - 21）。

（2）上体前俯，右拳变掌，下按至左脚尖前；配合呼气（见图 7 - 22）。

（3）上体右转，使左弓步过渡到右仆步，再变为右步，右手随重心移动，贴地划弧至右脚尖前；眼随右手；继续呼气（见图 7 - 23）。

（4）右手翻掌上举，臂伸直，掌心向上，左手变掌下按，掌心向下；抬头，目视右手背；配合吸气（见图 7 - 24）。

（5）右掌变拳，向前下落收至腰间，左手握拳，屈肘前举到头前。做右式，动作同（1 - 4），唯左右相反（见图 7 - 25、图 7 - 26、图 7 - 27、图 7 - 28、图 7 - 29）。

（6）左脚收回，并步，两手收于身体两侧，目视前方（见图 7 - 30、图 7 - 31）。

动作要点：弓、仆步变换，动作连贯匀速。两掌上撑下按，手臂伸直，挺胸直腰，拔长腰脊。

图 7 - 20

图 7 - 21

图 7 - 22

图 7 - 23

图 7 - 24

图 7 - 25

图 7 - 26

图 7 - 27

图 7 - 28

图 7 - 29

图 7 - 30

图 7 - 31

（五）五劳七伤往后瞧

（1）左脚向前跨一步，成左弓步；同时，两拳变掌向后，经体侧再向前平举，手心向下；配合吸气（见图7-32、图7-33）。

（2）重心后移，前脚尖外转；两臂屈肘翻掌交叉于胸前，右手在外，两掌心向里；配合呼气（见图7-34）。

（3）重心前移，上体左转，左脚外展踏实，右脚跟提起；两手翻掌右前左后撑开，指尖朝上；目视后方；配合吸气（见图7-35）。

（4）上体向右转正，左脚向后收回，两臂向前平举下落；配合呼气（见图7-36、7-37）。

（5）做右式，动作同（1-4），唯左右相反（见图7-38、图7-39、图7-40、图7-41、图7-42、图7-43）。

动作要点：两臂起落开合要与呼吸配合一致。转头时，头平项直，眼尽量向后注视。

图 7-32

图 7-33

图 7 - 34

图 7 - 35

图 7 - 36

图 7 - 37

图 7 - 38

图 7 - 39

图 7 - 40

图 7 - 41

图 7 - 42

图 7 - 43

（六）摇头摆尾去心火

（1）接上式。左脚向左平跨一大步,屈膝下蹲,成马步;两手经体侧上举,在头前交叉下落按于膝上,虎口向里;目视前方（见图 7 - 44、图 7 - 45）。

（2）上体向右前方深俯,重心落向右腿,头尽量向前顶伸;目视右前方,配合吸气（见图 7 - 46）。

（3）上体深俯,最大幅度向左摇转,右腿蹬伸,重心移至左腿,臀部向右摆动,拧腰切胯;目视右下方,配合呼气(见图 7 - 47、图 7 - 48)。

(4) 头向上抬,转向左侧,目视左前方;上体再向右摇转,做右式,动作同(2 - 3),唯左右相反(见图 7 - 49、图 7 - 50、图 7 - 51、图 7 - 52、图 7 - 53)。

(5) 两手落于体侧,左脚收回,并步站立(见图 7 - 54、图 7 - 55)。

图 7 - 44

图 7 - 45

图 7 - 46

图 7 - 47

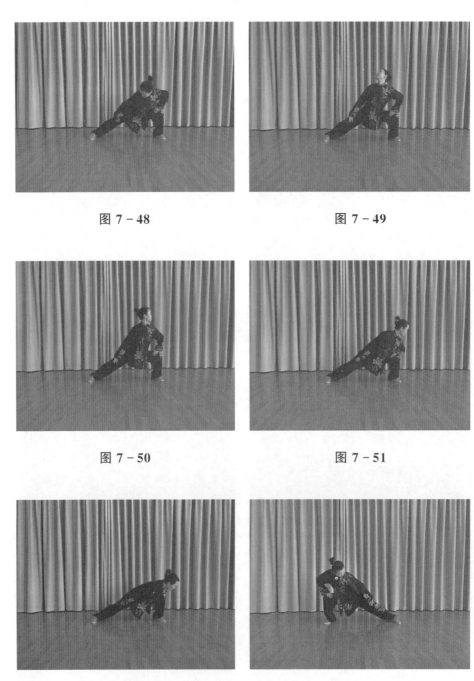

图 7 - 48

图 7 - 49

图 7 - 50

图 7 - 51

图 7 - 52

图 7 - 53

图 7-54   图 7-55

动作要点：上体左右摆动，手、眼、身、步、呼吸配合需一致，头部和臀部相对运动，对拉拔长，应有韧劲。两手不离膝，两脚不离地。

（七）两手攀足固肾腰

（1）两手体前上举至头顶，掌心向前；上体后仰，抬头；配合吸气（见图 7-56、图 7-57）。

（2）两手随上体前俯至脚尖，手指攀握脚尖，两膝伸直；配合呼气（见图 7-58、图 7-59）。

（3）上体抬起，两手沿脚外侧划弧至脚跟，沿脚后上行至腰部，按压肾俞穴；上体后仰，抬头；配合吸气（见图 7-60、图 7-61、图 7-62、图 7-63）。

（4）两手自然下落，成站立式；配合呼气（见图 7-64）。

图 7 - 56

图 7 - 57

图 7 - 58

图 7 - 59

图 7 - 60

图 7 - 61

图 7 - 62

图 7 - 63

图 7 - 64

动作要点:身体前屈和背伸主要为腰部活动,因此两膝应始终伸直,前俯后仰,速度缓慢均匀,运动幅度应由小到大。

(八) 攒拳怒目增气力

(1) 左脚向左平跨一大步,屈膝下蹲,成马步;两手握拳于腰间(见图7-65)。

(2) 左拳向前冲出,拳心向下;两眼瞪大,怒视左拳;用鼻快速呼气(见图7-66)。

（3）左拳收回，配合吸气；右拳向前冲出，两眼瞪大，怒视右拳；用鼻快速呼气（见图7-67）。

（4）右拳收回，配合吸气；上体左转，成左弓步。同时两拳体前交叉，配合呼气；再向上举起，配合吸气。再两拳分开，右前左后向下劈拳，拳眼向上，配合呼气；目视右拳（见图7-68、7-69、7-70）。

（5）上体右转180°，成右弓步，再做劈拳（见图7-71、图7-72、图7-73）。

（6）上体左转，屈膝半蹲成马步；两拳于体前交叉，配合吸气。再向两侧崩拳，双目平视，配合呼气（见图7-74、图7-75）。

（7）两手落于体侧，左脚收回，并步站立（见图7-76）。

图 7-65

图 7-66

图 7-67

图 7-68

图 7 - 69

图 7 - 70

图 7 - 71

图 7 - 72

图 7 - 73

图 7 - 74

图 7－75   图 7－76

动作要点：出拳由慢到快，做好拧腰、瞬间急旋前臂动作，体现"寸劲"。脚趾抓地，呼气、瞪眼、怒目配合一致；收拳宜缓慢、轻柔、蓄气、蓄力待发。一张一弛，刚柔相济。

（九）背后七颠百病消

（1）脚跟上提，两臂屈肘，两手背后上行至脊柱两侧，按压于肾俞穴上；脚跟离地，身体连续提踵 7 次，再尽量提踵，头向上顶；配合吸气（见图 7－77、图 7－78、图 7－79、图 7－80）。

（2）脚跟轻轻着地，同时两手随之下落于体侧；配合呼气（见图 7－81）。

图 7－77   图 7－78

图 7 − 79　　　　　　　　　　　　　图 7 − 80

图 7 − 81

动作要点:身体抖动应放松。脚跟上提时,百会上顶;脚跟着地时振动宜轻,意念下引至涌泉穴,全身放松。

(十) 收势

两手经体侧,上举于头顶上方,配合吸气。再经体前徐徐下按至腹前,配合呼气。重复多次后,立正还原(见图 7 − 82、图 7 − 83、图 7 − 84、图 7 − 85)。

图 7 – 82

图 7 – 83

图 7 – 84

图 7 – 85

传统功法八段锦

第八章　健身气功八段锦

一、健身气功八段锦概述

健身气功八段锦是国家体育总局健身气功管理中心组织创编的健身气功系列功法之一,由北京体育大学承担研究任务。健身气功八段锦以《新出保身图说·八段锦》为蓝本进行创编,在继承原有功法歌诀、保留八个定势动作不变的基础上,按照传统气功学、中医学和人体生理学、运动学等规律,增加了预备势、收势和各定势之间的衔接动作,强调意、气、形三者的综合锻炼,极大地丰富了其功法功理内涵,使功法更具科学性、民族性、规范性和观赏性。健身气功八段锦自 2003 年推出以来,就受到国内外广大爱好者的普遍喜爱和欢迎,具有形与神合、气蕴其中,质朴端庄、行易效宏、松紧结合、动静相兼,舒展柔和、圆活连贯的功法特点,其动作简单易学,运动强度适宜,非常适合中老年群体的习练。

二、健身气功八段锦动作图解

（一）预备势

（1）两脚并步站立,两臂自然垂于体侧;身体中正,目视前方(见图 8-1)。

（2）随着松腰沉髋,身体重心移至右腿;左脚向左侧开步,脚尖朝前,约与肩同宽;目视前方(见图 8-2)。

（3）两臂内旋,两掌分别向两侧摆起,约与髋同高,掌心向后;目视前方(见图 8-3)。

（4）两腿膝关节稍屈；同时，两臂外旋，向前合抱于腹前呈圆弧形，与脐同高，掌心向内，两掌指间距约 10 厘米，目视前方（见图 8－4）。

图 8－1　　　　　　　　　　　　图 8－2

图 8－3　　　　　　　　　　　　图 8－4

动作要点：

（1）头向上顶，下颏微收，舌抵上腭，双唇轻闭；沉肩坠肘，腋下虚掩；胸部宽舒，腹部松沉；收髋敛臀，上体中正。

（2）呼吸徐缓，气沉丹田，调息 6～9 次。

（二）两手托天理三焦

（1）两臂外旋微下落，两掌五指分开在腹前交叉，掌心向上；目视前方（见图 8－5）。

（2）两腿徐缓挺膝伸直；同时，两掌上托至胸前，随之两臂内旋向上托起，掌心向上；抬头，目视两掌（见图8－6）。

（3）两臂继续上托，肘关节伸直；同时，下颏内收，动作略停；目视前方（见图8－7）。

（4）身体重心缓缓下降，两腿膝关节微屈，同时，十指慢慢分开，两臂分别向身体两侧下落，两掌捧于腹前，掌心向上；目视前方（见图8－8）。

图8－5

图8－6

图8－7

图8－8

动作要点：

（1）两掌上托要舒胸展体，略有停顿，保持抻拉。

（2）两掌下落，松腰沉髋，沉肩坠肘，松腕舒指，上体中正。

（三）左右开弓似射雕

（1）身体重心右移；左脚向左侧开步站立，两腿膝关节自然伸直；同时，两掌向上交叉于胸前，左掌在外，两掌心向内；目视前方（见图8－9）。

（2）两腿徐缓屈膝半蹲成马步；同时右掌屈指成"爪"，向右拉至肩前；左掌成八字掌，左臂内旋，向左侧推出，与肩同高，坐腕，掌心向左，犹如拉弓射箭之势；动作略停；目视左掌方向（见图8－10）。

（3）身体重心右移，同时右手五指伸开成掌，向上、向右划弧，与肩同高，指尖朝上，掌心斜向前；左手指伸开成掌，掌心斜向后；目视右掌（见图8－11）。

（4）重心继续右移；左脚收回成并步站立；同时，两掌分别由两侧下落，捧于腹前，两掌指尖相对，掌心向上；目视前方（见图8－12）。

图 8－9

图 8－10

图 8 - 11

图 8 - 12

（5）右式动作同（1-4），唯左右相反（见图 8-13、图 8-14、图 8-15、图 8-16）。

（6）身体重心继续左移；右脚收回成开步站立，与肩同宽，膝关节微屈；同时，两掌分别由两侧下落，捧于腹前，两掌指尖相对，掌心向上；目视前方（见图 8-17）。

图 8 - 13

图 8 - 14

图 8 - 15

图 8 - 16

图 8 - 17

动作要点：

（1）侧拉之手五指要并拢屈紧，肩臂放平。

（2）八字掌侧撑需沉肩坠肘，屈腕，竖指。

（3）体弱者可自行调整马步的高度。

（四）调理脾胃须单举

（1）两腿徐缓挺膝伸直；同时，左掌上托，左臂外旋上穿，经面前，随之臂内旋上举至头左上方，肘关节微屈，力达掌根，掌心向上，掌指向右；同时，右掌微上托，随之臂内旋下按至右髋旁，肘关节微屈，力达掌根，掌心向下，掌指向前，动作略停；目视前方（见图 8 - 18）。

（2）松腰沉髋，身体重心缓缓下降；两腿膝关节微屈；同时，左臂屈肘外旋，左掌经面前下落于腹前，掌心向上；右臂外旋，右掌向上捧于腹前，两掌指尖相对，相距约10厘米，掌心向上；目视前方（见图8－19）。

（3）右式动作同（1－2），唯左右相反（见图8－20、图8－21）。

（4）两腿膝关节微屈；同时，右臂屈肘，右掌下按于右髋旁，掌心向下，掌指向前；目视前方（见图8－22）。

图 8－18

图 8－19

图 8－20

图 8－21

图 8 – 22

动作要点:力在掌根,上撑下按,舒胸展体,拔长腰脊。

(五) 五劳七伤往后瞧

(1) 两腿徐缓挺膝伸直;同时,两臂伸直,掌心向后,指尖向下,目视前方(见图 8 – 23)。然后上动不停。两臂充分外旋,掌心向外;头向左后转,动作略停;目视左斜后方(见图 8 – 24)。

(2) 松腰沉髋,身体重心缓缓下降,两腿膝关节微屈;同时,两臂内旋按于髋旁,掌心向下,指尖向前;目视前方(见图 8 – 25)。

(3) 右式动作同(1 – 2),唯左右相反(见图 8 – 26、图 8 – 27、图 8 – 28)。

(4) 两腿膝关节微屈;同时,两掌捧于腹前,指尖相对,掌心向上;目视前方(见图 8 – 29)。

图 8 - 23

图 8 - 24

图 8 - 25

图 8 - 26

图 8 - 27

图 8 - 28

图 8 - 29

动作要点：

(1) 头向上顶,肩向下沉。

(2) 转头不转体,旋臂,两肩后张。

(六) 摇头摆尾去心火

(1) 身体重心左移,右脚向右开步站立,两腿膝关节自然伸直;同时,两掌上托与胸同高时,两臂内旋,两掌继续上托至头上方,肘关节微屈,掌心向上,两掌指尖相对;目视前方(见图 8 - 30)。

(2) 两腿徐缓屈膝半蹲成马步,同时,两臂向两侧下落,两掌扶于膝关节上方,肘关节微屈,小指侧向前;目视前方(见图 8 - 31)。

(3) 身体重心向上稍升起,而后右移;上体先向右倾,随之俯身;目视右脚(见图 8 - 32)。

(4) 身体重心左移;同时,上体由右向前,再向左旋转;目视右脚(见图 8 - 33)。

(5) 身体重心右移,成马步;同时,头向后摇,上体立起,随之下颏微收;目视前方(见图 8 - 34)。

(6) 右式动作同(3 - 5),唯左右相反(见图 8 - 35、图 8 - 36、图 8 - 37)。

图 8 - 30

图 8 - 31

图 8 - 32

图 8 - 33

图 8 - 34

图 8 - 35

图 8-36   图 8-37

（7）身体重心左移,右脚收回成开步站立,与肩同宽;同时,两掌向外经两侧上举,掌心相对;目视前方(见图 8-38)。随后松腰沉髋,身体重心缓缓下降。两腿膝关节微屈;同时屈肘,两掌经面前下按至腹前,掌心向下,两掌指尖相对;目视前方(见图 8-39)。

图 8-38   图 8-39

动作要点:

（1）马步下蹲要收髋敛臀,上体中正。

（2）摇转时,颈部与尾闾对拉伸长,好似两个轴在相对运转,速度应柔和缓慢,动作圆活连贯。

（3）体弱者要注意动作幅度,不可强求。

（七）两手攀足固肾腰

（1）两掌指尖向上，两臂向前、向上举起，肘关节伸直，掌心向前；目视前方（见图8-40）。

（2）两臂外旋至掌心相对，屈肘，两掌下按于胸前，掌心向下，两掌指尖相对；目视前方（见图8-41）。

（3）两臂外旋，两掌心向上，随之两掌掌指顺腋下向后插；目视前方（见图8-42）。

（4）两掌心向内沿脊柱两侧向下摩运至臀部；随之上体前俯，两掌继续沿腿后向下摩运，经脚两侧置于脚面，抬头，动作略停；目视前下方（见图8-43）。

（5）两掌沿地面前伸，随之用手臂带动上体起立，两臂伸直上举，掌心向前；目视前方（见图8-44）。

图 8 - 40

图 8 - 41

图 8 – 42

图 8 – 43

图 8 – 44

（6）松腰沉髋，重心缓缓下降，两腿膝关节微屈；同时，两掌向前下按至腹前，掌心向下，指尖向前；目视前方（见图 8 – 45）。

图 8－45

动作要点：

（1）反穿摩运要适当用力，至足背时松腰沉肩，两膝挺直，向上起身时手臂主动上举，带动上体立起。

（2）体弱者可根据身体状况自行调整动作幅度，不可强求。

（八）攒拳怒目增气力

（1）身体重心右移，左脚向左开步；两腿徐缓屈膝半蹲成马步；同时，两掌握固，抱于腰侧，拳眼朝上；目视前方（见图 8－46）。

（2）左拳缓慢用力向前冲出，与肩同高，拳眼朝上；瞪目，视左拳冲出方向（图 8－47）。

（3）左臂内旋，左拳变掌，虎口朝下，目视左掌（见图 8－48）。左臂外旋，肘关节微屈：同时，左掌向左缠绕，变掌心向上后握固，目视左拳（见图 8－49）。

（4）屈肘，收回左拳至腰侧，拳眼朝上；目视前方（见图 8－50）。

（5）右式动作同（2－4），唯左右相反（见图 8－51、图 8－52、图 8－53、图 8－54）。

图 8 - 46

图 8 - 47

图 8 - 48

图 8 - 49

图 8 - 50

图 8 - 51

图 8 - 52　　　　　　　　　　图 8 - 53

图 8 - 54

（6）身体重心右移，左脚收回成并步站立；同时，两拳变掌，自然垂于体侧；目视前方（见图 8 - 55）。

图 8 - 55

动作要点：

（1）马步的高低可根据自己的腿部力量灵活掌握。

（2）冲拳时要怒目瞪眼，注视冲出之拳，同时脚趾抓地，拧腰顺肩，力达拳面；拳收回时要旋腕，五指用力抓握。

（九）背后七颠百病消

（1）两脚跟提起；头上顶，动作略停；目视前方（见图8-56）。

（2）两脚跟下落，轻震地面，目视前方（见图8-57）。

本式一起一落为1遍，共做7遍。

图8-56　　　　　　　　　　图8-57

动作要点：

（1）上提时脚趾要抓地，脚跟尽力抬起，两腿并拢，百会上顶，略有停顿，要掌握好平衡。

（2）脚跟下落时，咬牙，轻震地面，动作不要过急。

（3）沉肩舒臂，周身放松。

（十）收势

（1）两臂内旋，向两侧摆起，与髋同高，掌心向后；目视前方（见图8-58）。

（2）两臂屈肘，两掌相叠置于丹田处（男性左手在内，女性右手在内);目视前方(见图8-59)。

（3）两臂自然下落,两掌轻贴于腿外侧;目视前方(见图8-60)。

图8-58　　　　　　　　　　图8-59

图8-60

动作要点:体态安详,周身放松,呼吸自然,气沉丹田。

健身气功八段锦

参 考 文 献

[1] 周稔丰.八段锦大法[M].天津:天津大学出版社,1996.

[2] 《八段锦》编写小组.八段锦[M].北京:人民体育出版社,1975.

[3] 梁海龙.道家秘功八段锦[M].北京:北京体育大学出版社,2016.

[4] 高翔.武当秘功八段锦[M].北京:北京体育大学出版社,2016.

[5] 禅一.少林八段锦[M].广州:广东科技出版社,2016.

[6] 国家体育总局健身气功管理中心.健身气功·八段锦[M].北京:人民体育出版社,2018.

[7] 牛爱军.八段锦养生智慧[M].北京:人民体育出版社,2018.

[8] 许筱颖.中医基础理论[M].济南:山东科学技术出版社,2019.

[9] 邓方华.少林八段锦古传秘功[M].北京:人民体育出版社,2019.

[10] 吴志坤,邵玉萍.传统体育[M].北京:中国中医药出版社,2021.

[11] 魏玉龙.八段锦:汉英对照[M].北京:中国中医药出版社,2021.

[12] 胡晓飞.少儿八段锦[M].北京:北京体育大学出版社,2021.

[13] 李峰,徐一菲,戴宁.八段锦研究与实践:导引功法研究及八段进阶训练法[M].上海:上海科学技术文献出版社,2021.

[14] 吴云川.八段锦应用与研究[M].上海:上海交通大学出版社,2023.

[15] 王宾,徐划萍.太极拳[M].上海:上海交通大学出版社,2023.

[16] 钟爽川.健身气功八段锦对亚健康的调节作用研究[D].北京:

北京体育大学,2009.

[17] 杨红光."八段锦"源流及其文化内涵探析[D].郑州:郑州大学,2011.

[18] 高石磊.健身气功·八段锦对人体部分系统的影响[J].搏击·武术科学,2015,12(12).

[19] 龚博敏.国际文化视野下八段锦价值解析[J].中医药文化,2016,11(4):37-40.

[20] 吴月,郭艳苏.太极拳与八段锦在神经系统疾病中的应用进展[J].脑与神经疾病杂志,2023,31(4):251-254.

[21] 王玲玉.12周健身气功·八段锦锻炼对冥想状态时中枢神经系统影响的研究[D].上海:上海体育学院,2024.

[22] 刘俊荣,姜希娟,夏西薇,等.健身气功"八段锦"调节中老年脂质代谢的实验研究[J].中国老年学杂志,2006,26(3):3.

[23] 陈辉,周亚娜.八段锦对原发性高血压患者血压和血清超敏C反应蛋白的影响[J].中国康复医学杂志,2012,27(02):2.

[24] 张惠玲,郭秀君,陈宁,等.八段锦对慢性阻塞性肺病稳定期病人生活质量的影响[J].护理研究旬刊,2016(6):1953-1956.

[25] 曾进浩,潘华山,张怡,等.八段锦运动治疗功能性消化不良患者25例[J].环球中医药,2016,9(11):4.

[26] 汪春,郭知学,陈志刚.4周八段锦锻炼治疗肩周炎疗效观察[J].中国运动医学杂志,2010,29(3):285-287.

[27] 上海市气功研究所."气的世界:太极健康初探"四十九讲[M].上海:上海科学技术出版社,2022.